D1857737

KLEINE BETTLEKTÜRE FÜR WETTERFESTE FRIESEN

Kleine Bettlektüre für wetterfeste Friesen

Scherz

AUSGEWÄHLT VON
HELGA REFFELT

Alle Rechte an der Auswahl vorbehalten
Das Copyright der einzelnen Texte liegt bei den im Quellenverzeichnis genannten Inhabern
Schutzumschlag von Heinz Looser

INHALT

HELGA REFFELT

Abwarten und Tee trinken

Was würden Sie tun, wenn die Welt unterginge? Ich würde nach Friesland fahren, dort geschieht alles fünfundzwanzig Jahre später.

Ja, es lohnt sich, zu den Friesen zu reisen, und nicht nur, um sein Leben zu retten. Wer sich Mühe gibt, sie in ihrer Eigenart zu verstehen, wird nirgends Menschen finden, auf die er sich mehr verlassen kann, die treuer zu ihm stehen. Es muß daran liegen, daß sich die Friesen am Rande, am Fries des Kontinents ihre bodenständige Lebensart ungestört erhalten konnten.

Gott schuf das Meer, der Friese aber die Deiche. Seit Jahrhunderten sind die Menschen hier stolz auf ihr Land und lieben es, wie alles selbst und schwer Errungene. Gern nehmen sie Gäste auf, aber ändern wird sich der Friese um niemandes willen. Fleiß und Sorgsamkeit sind die Tugenden, die er am meisten schätzt, ob es sich um den reichen Marschbauern, den armen Sandhasen, den Torfgräber im Moor, der sein Brot so schwer zu verdienen hat, oder um den Fischer handelt, der Wind und Wetter trotzt. «Arbei du man, min Jung» – wird er als erste Lebensweisheit seinem Kind vermitteln, und Thomas

Mann sagt es für den arrivierten Handelsherrn in der Stadt: Mein Sohn, sei mit Lust bei den Geschäften am Tage und mache nur solche, daß du in der Nacht ruhig schlafen kannst.

Eigentlich braucht der Friese keine Bettlektüre, denn er schläft auch ohne Geschichten ein. Seine harte Arbeit macht ihn müde, und Literatur ist nicht seine Stärke. Er sagt nicht viel und liest nicht viel, schon gar nicht «soon neemodschen Tünkram». Meiner Großmutter, der Friesenbäuerin, war «dat düvelse Lesen» ihrer Enkelin immer ein Dorn im Auge. Strümpfe anstricken oder Wolle spinnen war nützlicher. Unter dem weiten Himmel seiner Heimat, wo ihm die Elemente so nahe sind, ist der Friese Geschwätz und intellektuellen Spitzfindigkeiten abhold. Erzählt man ihm aber etwas Interessantes, schreibt man über seine Heimat, so hört er aufmerksam zu. Stets hat er Sinn für ein humorvolles Augenzwinkern.

Jeder von uns kennt die nicht endenwollende Welle der Ostfriesenwitze, dumme, gehässige und böswillige: es gibt aber auch solche, die Friesland, seine Bewohner und ihre Eigenarten tatsächlich treffend charakterisieren. Mit den anderen lacht er selbst darüber und sieht den Vorteil, der ihm aus der Sache erwächst: Sein Land bekannt zu machen. Der dichtende Ostfriese Johann Haddinga meint dazu in einem Limerick:

«Die Spottsprüche über Ostfriesland
die mancher Ostfriese so mies fand,
haben dem Land über Nacht
Weltberühmtheit gebracht –
jetzt ist es bekannter als Island!»

Schon die kleinen Friesenmädchen und Jungen stehen mit beiden Beinen fest auf der Erde, rundgesichtig und rotbackig, und wachsen in eine Welt der unerschütterlichen Tatsachen hinein. Die Heimat verwöhnt ihre Kinder nicht. Das Wetter ist rauh und stürmisch und der Himmel oft düster und regenverhangen. Die Bäume an den Landstraßen biegen sich im ewigen Wind nach Osten. Es liegt etwas Melancholisches über der Landschaft. Deswegen machen es sich die Friesen zu Hause gemütlich. Auf blankgeputzten Öfen summen unaufhörlich Kupferkessel; weiße Gardinen, rote Geranientöpfe lassen das Wetter draußen. Und dann der Besuch! Nirgends ist er so willkommen wie bei den Friesen. Die Freude am Nächsten ist noch echt und unkonventionell, und es trifft sicher eine der liebenswertesten Frieseneigenarten, wenn behauptet wird, Friesland sei nicht immer so flach gewesen: Die Friesen hätten das Land planiert, damit sie am Mittwoch schon sehen können, wer am Sonntag zu ihnen zu Besuch kommt. Die oft ausgesprochene Einladung: «Koomt bold moal förn heeln dag, Breien (Strickzeug) mitbrengen», trägt gleichzeitig dem Hang zum Fleiß Rechnung, denn nur Schwätzen wäre Zeitverschwendung und nicht zu rechtfertigen. Kaum ist der Gast angekommen, gibt es natürlich den berühmten friesischen Tee, gesüßt mit weißem Kandis: die einzige raffinierte Sache, die alle Friesen gleichermaßen schätzen.

Aber nicht immer ist ihr Land düster und regenverhangen. Scheint die Sonne über Friesland und Meer, ist der Himmel wie nirgends sonst so weit und licht, von so strahlendem Blau. Das flache Land läßt den Blick frei für ein Wolkenpanorama von einmaliger Schönheit. Künstler haben diese Atmosphäre besonders geliebt. Das kleine Dorf Worpswede gab Licht und Idee für eine Reihe berühmter Maler, die Insel Sylt ist ein beliebtes Refugium für Schriftsteller, Schauspieler und Musiker.

Eigentlich sind alle Friesen Künstler – Lebenskünstler, aber nicht im Sinne des Leichtlebigen. Ihre Kunst besteht darin, das Leben für sich und alle anderen lebenswert zu machen. Die ersten Zeilen, die ich lesen konnte, hingen als Wandschmuck in der Upkamer meiner Großmutter:

«Streut Blumen der Liebe bei Lebenszeit
und bewahret einander vor Herzeleid.»

An dieser alten Friesen-Devise hält man, trotz mancher Modernisierung auch in der Upkamer, noch heute fest. Von Borkum bis Sylt, von der Geest bis hintern Deich leben die echten freien Friesen weiterhin ihr einfaches Leben in kleinen roten Ziegelhäusern, wissen gutes Essen und Trinken und ihr Sööpke, den ostfriesischen Landwein – den Doornkaat –, zu schätzen und sind mit sich, ihrem Land und ihrem Schicksal zufrieden. Sie sind nach wie vor der Meinung: «In Ostfreesland ist 't am besten», und wenn sie sich schon zu einer Reise in den Süden entschließen, dann höchstens bis Osnabrück, um Verwandte zu besuchen.

Wer ihnen seine Meinung aufdrängen will, dem kann es ergehen, wie weiland dem Heidenbekehrer Bonifaz, er wurde erschlagen, später aber heiliggesprochen und ihr Schutzpatron. Immerhin haben sich die Sitten etwas gemildert. Mißliebige Fremde werden nicht mehr erschlagen, sondern erschwiegen. Sie bemühen sich nicht weiter, sich verständlich zu machen, und so kam auch Heinrich Heine zu seinem Fehlurteil.

Im übrigen reagiert der Friese allzu menschliche Aggressionen gern beim Schießen ab, allerdings nicht im Krieg, sondern in einer Art Bürgerkrieg, beim sonntäglichen Klootschießen mit einer bleigefüllten Holzkugel auf der Landstraße, wobei ihm eine Errungenschaft der modernen Zivilisation häufig im Wege ist, das Auto, das sich nach und nach auch in Friesland eingebürgert hat. Deshalb wird zur Klootschießerzeit die Landstraße gesperrt. So einfach ist das!

Kein Wunder, daß viele «Duitsders» – so nennen die Friesen alle nicht friesisch Sprechenden – gern Friesen werden möchten. Solchen Leuten kann geholfen werden, und zwar gibt es zwei Möglichkeiten.

Einmal das «Indigenat», eine Einbürgerungsurkunde, die die «Ostfriesische Landschaft» – oberste Ostfriesenverwaltung – verleiht, aber natürlich nicht so ohne weiteres. Nur Bewerber mit untadeligem Leumund haben Aussichten, in den Genuß ostfriesischer Bürgerrechte und -pflichten zu kommen. Sollte es am Leumund scheitern, bleibt noch eine letzte Chance: Man reise nach Friesland, setze sich auf einen Deich – aber ganz vorsichtig, damit er nicht bricht –, blicke aufs Meer hinaus, warte ab und trinke Tee.

Heinrich Heine bei den Ostfriesen

(Geschrieben auf der Insel Norderney)

... Die Eingeborenen sind meistens blutarm und leben vom Fischfang, der erst im nächsten Monat, im Oktober, bei stürmischem Wetter, seinen Anfang nimmt. Viele dieser Insulaner dienen auch als Matrosen auf fremden Kauffahrteischiffen und bleiben jahrelang vom Hause entfernt, ohne ihren Angehörigen irgendeine Nachricht von sich zukommen zu lassen. Nicht selten finden sie den Tod auf dem Wasser. Ich habe einige arme Weiber auf der Insel gefunden, deren ganze männliche Familie solcherweise umgekommen, was sich leicht ereignet, da der Vater mit seinen Söhnen gewöhnlich auf demselben Schiffe zur See fährt.

Das Seefahren hat für diese Menschen einen großen Reiz; und dennoch, glaube ich, daheim ist ihnen allen am wohlsten zumute. Sind sie auch auf ihren Schiffen sogar nach jenen südlichen Ländern gekommen, wo die Sonne blühender und der Mond romantischer leuchtet, so können doch alle Blumen dort nicht den Leck ihres Herzens stopfen, und mitten in der duftigen Heimat des Frühlings sehnen sie sich wieder zurück nach ihrer Sandinsel, nach ihren kleinen Hütten, nach dem flackernden Herde, wo die Ihrigen, wohlverwahrt in wollenen Jacken, herumkauern und einen Tee trinken, der sich von gekochtem Seewasser nur durch den Namen unterscheidet, und eine Sprache schwatzen, wovon kaum begreiflich scheint, wie es ihnen selber möglich ist, sie zu verstehen.

Was diese Menschen so fest und genügsam zusammenhält, ist nicht so sehr das innig mystische Gefühl der Liebe als vielmehr die Gewohnheit, das naturgemäße Ineinander-Hinüberleben, die gemeinschaftliche Unmittelbarkeit. Gleiche Geisteshöhe, oder, besser gesagt, Geistesniedrigkeit, daher gleiche Bedürfnisse und gleiches Streben; gleiche Erfahrungen und Gesinnungen, daher leichtes Verständnis untereinander; und sie sitzen verträglich am Feuer in den kleinen Hütten, rücken zusammen, wenn es kalt wird, an den Augen sehen sie sich ab, was sie denken, die Worte lesen sie sich von den Lippen, ehe sie gesprochen worden, alle gemeinsamen Lebensbeziehungen sind ihnen im Gedächtnisse, und durch einen einzigen Laut, eine einzige Miene, eine einzige stumme Bewegung erregen sie untereinander soviel Lachen oder Weinen oder Andacht, wie wir bei unseresgleichen erst durch lange Expositionen, Expektorationen und Deklamationen hervorbringen können. Denn wir leben im Grunde geistig einsam; durch eine besondere Erziehungsmethode oder zufällig gewählte besondere Lektüre hat jeder von uns eine verschiedene Charakterrichtung empfangen; jeder von uns, geistig verlarvt, denkt, fühlt und strebt anders als die andern, und des Mißverständnisses wird soviel, und selbst in weiten Häusern wird das Zusammenleben so schwer, und wir sind überall beengt, überall fremd und überall in der Fremde . . .

Auf einem gewissen Standpunkte ist alles gleich groß und gleich klein, und an die großen europäischen Zeitverwandlungen werde ich erinnert, indem ich den kleinen Zustand unserer armen Insulaner betrachte. Auch diese stehen an der Grenze einer solchen neuen Zeit, und ihre alte Sinneseinheit und Einfalt wird gestört durch das Gedeihen des hiesigen Seebades, indem sie dessen Gästen täglich etwas Neues ablauschen, was sie nicht mit ihrer altherkömmlichen Lebensweise zu vereinen wissen. Stehen sie des Abends vor den erleuchteten Fenstern des Konversationshauses und betrachten dort die Verhandlungen der Herren und Damen, die verständlichen Blicke, die begehrlichen Grimassen, das lüsterne Tanzen, das vergnügte Schmausen, das habsüchtige Spielen usw., so bleibt das für diese Menschen nicht ohne schlimme Folgen, die von dem Geldgewinn, der ihnen durch die Badeanstalt zufließt, nimmermehr aufgewogen werden. Dieses Geld reicht nicht hin für die eindringenden neuen Bedürfnisse; daher innere Lebensstörung, schlimmer Anreiz, großer Schmerz. Als ich ein Knabe war, fühlte ich immer eine brennende Sehnsucht, wenn schön gebackene Torten, wovon ich nichts bekommen sollte, duftig-offen bei mir vorübergetragen wurden; späterhin stachelte mich dasselbe Gefühl, wenn ich modisch entblößte, schöne Damen vorbeispazieren sah; und ich denke jetzt, die armen Insulaner, die noch in einem Kindheitszustande leben, haben hier oft Gelegenheit zu ähnlichen Empfindungen, und es wäre gut, wenn die Eigentümer der schönen Torten und Frauen solche etwas mehr verdeckten. Diese vielen unbedeckten Delikatessen, woran jene Leute nur die Augen weiden können, müssen ihren Appetit sehr stark wecken, und wenn die armen Insulanerinnen in ihrer Schwangerschaft allerlei süßgebackene Gelüste bekommen und am Ende sogar Kinder zur Welt bringen, die den Badegästen ähnlich sehen, so ist das leicht zu erklären. Ich will hier durchaus auf kein unsittliches Verhältnis anspielen. Die Tugend der Insulanerinnen wird durch ihre Häßlichkeit und gar besonders durch ihren Fischgeruch, der mir wenigstens unerträglich war, vorderhand geschützt. Ich würde, wenn ihre Kinder mit badegästlichen Gesichtern zur Welt kommen, vielmehr ein psychologisches Phänomen erkennen und mir solches durch jene materialistisch-mystischen Gesetze erklären, die Goethe in den «Wahlverwandtschaften» so schön entwickelt.

Es geht ein starker Nordostwind, und die Hexen haben wieder viel Unheil im Sinne. Man hegt hier nämlich wunderliche Sagen von Hexen, die den Sturm zu beschwören wissen; wie es denn überhaupt auf allen nordischen Meeren viel Aberglauben gibt. Die Seeleute behaupten, manche Insel stehe unter der geheimen Herrschaft ganz besonderer Hexen, und dem bösen Willen derselben sei es zuzuschreiben, wenn den vorbeifahrenden Schiffen allerlei Widerwärtigkeiten begegnen. Als ich voriges Jahr einige Zeit auf der See lag, erzählte mir der Steuermann unseres Schiffes: die Hexen wären besonders mächtig auf der Insel Wight und suchten jedes Schiff, das bei Tage dort vorbeifahren wolle, bis zur Nachtzeit aufzuhalten, um es alsdann an Klippen oder an die Insel selbst zu treiben. In solchen Fällen höre man diese Hexen so laut durch die Luft sausen und um das Schiff herumheulen, daß der Klabautermann ihnen nur mit vieler Mühe widerstehen könne. Als ich nun fragte, wer der Klabautermann sei, antwortete der Erzähler sehr ernsthaft: «Das ist der gute, unsichtbare Schutzpatron der Schiffe, der da verhütet, daß den treuen und ordentlichen Schiffern

Unglück begegne, der da überall selbst nachsieht und sowohl für die Ordnung wie für die gute Fahrt sorgt.» Der wackere Steuermann versicherte mit etwas heimlicherer Stimme: ich könne ihn selber sehr gut im Schiffsraum hören, wo er die Waren gern noch besser nachstaue, daher das Knarren der Fässer und Kisten, wenn das Meer hochgehe, daher bisweilen das Dröhnen unserer Balken und Bretter; oft hämmere der Klabautermann auch außen am Schiffe, und das gelte dann dem Zimmermanne, der dadurch gemahnt werde, eine schadhafte Stelle ungesäumt auszubessern; am liebsten aber setze er sich auf das Bramsegel, zum Zeichen, daß guter Wind wehe oder sich nahe. Auf meine Frage, ob man ihn nicht sehen könne, erhielt ich zur Antwort: Nein, man sähe ihn nicht, auch wünsche keiner ihn zu sehen, da er sich nur dann zeige, wenn keine Rettung mehr vorhanden sei. Einen solchen Fall hatte zwar der gute Steuermann noch nicht selbst erlebt, aber von andern wollte er wissen: den Klabautermann höre man alsdann vom Bramsegel herab mit den Geistern sprechen, die ihm untertan sind; doch wenn der Sturm zu stark und das Scheitern unvermeidlich würde, setze er sich auf das Steuer, zeige sich da zum erstenmal und verschwinde, indem er das Steuer zerbräche – diejenigen aber, die ihn in diesem furchtbaren Augenblick sähen, fänden unmittelbar darauf den Tod in den Wellen.

Der Schiffskapitän, der dieser Erzählung mit zugehört hatte, lächelte so fein, wie ich seinem rauhen, wind- und wetterdienenden Gesichte nicht zugetraut hätte, und nachher versicherte er mir: vor fünfzig und gar vor hundert Jahren sei auf dem Meere der Glaube an den Klabautermann so stark gewesen, daß man bei Tische immer auch ein Gedeck für denselben aufgelegt und von jeder Speise, etwa das Beste, auf seinen Teller gelegt habe, ja, auf einigen Schiffen geschähe das noch jetzt. –

Ich gehe hier oft am Strande spazieren und gedenke solcher seemännischen Wundersagen. Die anziehendste derselben ist wohl die Geschichte vom fliegenden Holländer, den man im Sturm mit aufgespannten Segeln vorbeifahren sieht und der zuweilen ein Boot aussetzt, um den begegnenden Schiffen allerlei Briefe mitzuben, die man nachher nicht zu besorgen weiß, da sie an längst verstorbene Personen adressiert sind. Manchmal gedenke ich auch des alten, lieben Märchens von dem Fischerknaben, der am Strande den nächtlichen Reigen der Meernixen belauscht hatte und nachher mit seiner Geige die ganze Welt durchzog und alle Menschen zauberhaft entzückte, wenn er ihnen die Melodie des Nixenwalzers vorspielte. Diese Sage erzählte mir einst ein lieber Freund, als wir, im Konzerte zu Berlin, solch einen wundermächtigen Knaben, den Felix Mendelssohn-Bartholdy, spielen hörten.

Einen eigentümlichen Reiz gewährt das Kreuzen um die Insel. Das Wetter muß aber schön sein, die Wolken müssen sich ungewöhnlich gestalten, und man muß rücklings auf dem Verdecke liegen und in den Himmel sehen und allenfalls auch ein Stückchen Himmel im Herzen haben. Die Wellen murmeln alsdann allerlei wunderliches Zeug, allerlei Worte, woran liebe Erinnerungen flattern, allerlei Namen, die wie süße Ahnung in der Seele widerklingen – «Evelina!» Dann kommen auch Schiffe vorbeigefahren, und man grüßt, als ob man sich alle Tage wiedersehen könnte. Nur des Nachts hat das Begegnen fremder Schiffe auf dem Meere etwas Unheimliches; man will sich dann einbilden, die besten Freunde, die wir seit Jahren nicht gesehen, führen schweigend vorbei, und man verlöre sie auf immer.

Ich liebe das Meer wie meine Seele.

Oft wird mir sogar zumute, als sei das Meer eigentlich meine Seele selbst; und wie es im Meere verborgene Wasserpflanzen gibt, die nur im Augenblick des Aufblühens an dessen Oberfläche heraufschwimmen und im Augenblick des Verblühens wieder hinabtauchen: so kommen zuweilen auch wunderbare Blumenbilder heraufgeschwommen aus der Tiefe meiner Seele und duften und leuchten und verschwinden wieder – «Evelina!»

Man sagt, unfern dieser Insel, wo jetzt nichts als Wasser ist, hätten einst die schönsten Dörfer und Städte gestanden, das Meer habe sie plötzlich alle überschwemmt und bei klarem Wetter sähen die Schiffer noch die leuchtenden Spitzen der versunkenen Kirchtürme und mancher habe dort in der Sonntagsfrühe sogar ein frommes Glockengeläute gehört. Die Geschichte ist wahr; denn das Meer ist meine Seele –

«Eine schöne Welt ist da versunken,
ihre Trümmer blieben unten stehn,
lassen sich als goldne Himmelsfunken
oft im Spiegel meiner Träume sehn.»
(Wilhelm Müller)

Erwachend höre ich dann ein verhallendes Glockengeläute und Gesang heiliger Stimmen – «Evelina!»

Die Badekutschen, die Droschken der Nordsee, werden hier nur bis ans Wasser geschoben und bestehen meistens aus viereckigen Holzgestellen mit steifem Leinen überzogen. Jetzt, für die Winterzeit, stehen sie im Konversationssaale und führen dort gewiß ebenso hölzerne und steifleinene Gespräche wie die vornehme Welt, die noch unlängst dort verkehrte.

Wenn ich aber sage: die vornehme Welt, so verstehe ich nicht darunter die guten Bürger Ostfrieslands, ein Volk, das flach und nüchtern ist wie der Boden, den es bewohnt, das weder singen noch pfeifen kann, aber dennoch ein Talent besitzt, das besser ist als alle Triller und Schnurrpfeifereien, ein Talent, das den Menschen adelt und über jene windigen Dienstseelen erhebt, die allein edel zu sein wähnen, ich meine das Talent der Freiheit. Schlägt das Herz für Freiheit, so ist ein solcher Schlag des Herzens ebenso gut wie ein Ritterschlag, und das wissen die freien Friesen.

ERNST VON SALOMON

Wie Abessinien zu seinem Namen kam

Das war ein merkwürdiger Sommer, jener des Jahres 1935 – ich verlebte ihn auf der Insel. «Dunkle Wolken standen am Horizont», wie es in den Schlagzeilen der Zeitungen zu lesen war, und im Radio tönten drohend und dunkel die Stimmen der Hochmögenden, indes die Kommentare der Mindermögenden sich in Spekulationen ergingen, aus denen nur zu entnehmen war: Nichts Genaues weiß man nicht. Natürlich drehte es sich um politische Wolken, aber die meteorologischen waren genauso unberechenbar. Es war ein hektischer Sommer, einer der Gewitter und der Schwüle, die das Herz zusammendrückte und keine rechte Lebenslust zu erwekken vermochte. Die Badegäste saßen in den Hinterzimmern und flüsterten und wisperten miteinander. Und dann, im Herbst, selten hatte die Insel einen so stürmischen und unwetterreichen Herbst erlebt wie den des Jahres 1935. Am Sonnabend, dem 19. Oktober, wuchs sich der Sturm zu einem Orkan aus, der sich in der Nacht noch steigerte. Die Rettungsstationen waren in höchster Alarmbereitschaft, es waren etwa 50 Schiffe in Seenot gemeldet; eines von ihnen wurde abends gegen 21 Uhr vor Westerland gesichtet, es kam gegen ein Uhr nachts der Kampener Wache außer Sicht. Um zwei Uhr nachts kam die Meldung, ein Schiff sei in der Höhe der Blidselbucht gestrandet.

Nun war seit einigen Monaten der Norden der Insel bis zur Blidselbucht sozusagen «feindliches Ausland». Den ganzen Sommer hindurch war die gute alte Inselbahn funkensprühend und ächzend durch die Dünen nach Norden gestampft, vollbeladen. Eine Straße nach List gab es noch nicht. List selbst – das waren drei oder vier Bauernhöfe, aber dort wurde sozusagen «fieberhaft» gebaut. Soldaten schirmten das Gebiet ab, die Wanderdünen waren in diesem Sommer für die Fremden so gut wie unerreichbar, und das Geflüster und Gewisper ging um die Frage, ob Sylt zu einer Festung ausgebaut werden sollte.

Diese Frage scherte die Rettungsmannschaft der Station in Kampen offenbar nicht. Kaum war die Meldung eingelaufen – und man sah vier bis fünf Raketen, die Notsignale –, setzten sich die längst gepackten drei Gespanne in Marsch, die Gerätewagen der Rettungsstation, unterstützt von Mannschaften aus Westerland. Die Fremden, die sich auf der Insel so wohl fühlten, glaubten, ihre einheimischen Gastgeber und Wirte zu kennen. Aber sie hatten offenbar ein ganz falsches Bild von ihnen. Das konnten sie jetzt berichtigen. Diese Männer schienen plötzlich über sich hinausgewachsen zu sein. Sie wirkten in ihrem Ölzeug wie die Riesen, die einst mit den Puken des Zwergenkönigs Finn kämpften, sie griffen in die Räder und kämpften sich Schritt um Schritt gegen den Orkan vorwärts, quer über die Dünen, hinauf und hinunter, die Fakkeln hatte der Sturm längst ausgelöscht, Jürgen Bleicken, der Strandvogt, den die Gäste als einen etwas hintergründigen Spaßvogel betrachteten, war mit einer Stablampe bewaffnet und dirigierte die Wagen zielsicher durch die Urlandschaft von Sand und Heide, die der Sturm peitschte, und durch die Moore, in welche der Regen prasselte. Die Männer brauchten vier Stunden, bis sie an die Dünen gelangten, vor denen der französische Dampfer «Adrar» mit seinen 6000 Tonnen längsseits auf dem Strande lag. Da zeigten die Kampener Rettungsleute erneut, was sie konnten, Wäscher Willi Sönksen, Martin Knudsen, Jens Jepsen, Jens Johannsen, Pensionswirte und Geschäftsleute bauten die komplizierten Geräte auf und schossen die Raketen, die dritte stellte schon die Verbindung zum Schiff her, ein Schiffsoffizier und zwei Mann wurden mit der Hosenboje an Land gezogen. Aber es gelang keinem der Rettungsleute, an Bord zu kommen. Der Kapitän der «Adrar», ein Monsieur Litzelmann, der sich aussprach wie Lisselmang, hatte die Anker seewärts ausgeworfen, ein Zeichen für die Seebefahrenen, daß er sich nicht als «gestrandet» wissen wollte, er dankte für weitere Hilfe und galt die geleistete mit einer Flasche Kognak ab. Der Schiffsoffizier wollte bloß mal telefonieren, um seiner Reederei Meldung zu erstatten und Seeschlepperhilfe zu erbitten. Gegen Mittag kehrten die wackeren Rettungsmänner zurück, sie hatten die Geräte und sechs Mann zu deren Bewachung auf der

Düne gelassen und wußten überaus angetan zu erzählen: von der Flasche echt französischen Kognaks. Bestürmt von den zahlreichen Neugierigen aber schwiegen sie über alle Einzelheiten. Und so wurde die Tragödie zu einem Satyrspiel.

Um die Strandung der «Adrar» wob sich ein Nebel des Geheimnisses, dicht und gelb wie der Seenebel selber. Da stimmte doch etwas nicht. Einzelheiten sickerten durch: Die «Adrar» hatte auf der Höhe von Helgoland Ruderschaden und wurde langsam auf die Küste zugetrieben. Woher kam sie? Aus Hamburg? Und wohin sollte die Fahrt gehen? Nach Nordafrika. Und was hatte sie geladen? Kleine Maschinen ...

Und warum war sofort der Panzerkreuzer «Admiral Scheer», das Prunkstück unserer kleinen, aber tapferen Reichskriegsmarine, herbeigeeilt, hatte aber dann vor den Sänden gestoppt und lauerte nun dort auf das wracke und gestrandete Schiff? Warum ließ der Kapitän keinen Mann an Bord und erteilte überhaupt keine Auskunft? Was war los mit der Adrar? Dunkle Wolken am politischen Horizont, plötzlich durch die dunklen Wolken des Orkans weggefegt: Was war los in der weiten Welt? Da hatte sich der Mussolini mit dem Negus von Abessinien angelegt, forsch in einem Alleingang, gegen den sich die ganze Welt wandte – nicht die ganze, hatte Mussolini nicht einen Freund, der den Diktator mit allen Mitteln unterstützte, die er selber hatte, in politischer Verschwiegenheit, aber nicht mit Diskretion? Geflüster und Gewisper, das sich zu fester Konstruktion der Realitäten verdichtete, wenn eines klar war: Die kleinen Maschinen waren, Köppchen, Köppchen, verstehste, natürlich Maschinengewehre, es mochten natürlich auch einige kleine Kanonen dabei sein, geladen in Hamburg: Halt! Aber brauchte Mussolini die? Wir hatten ja selber viel zuwenig. Also der Negus? Ha! Darum ein französisches Schiff, gechartert von gewissenlosen Waffenhändlern, und wohin sollte also die Reise gehn? Nach Abessinien, Ostafrika. Darum kein Mann an Bord, darum der Admiral Scheer, auf den Piratendampfer lauernd, darum also auch die eiserne Verschwiegenheit der offiziellen Stellen, Seeamt und so weiter. Nichts wußte man, aber alles war zu ahnen. Und nun begann die große Wanderung der Badegäste, der neugierigen Fremden, der weite Weg am Strand zur Blidselbuchthöhe war niemandem mehr zu weit – da lag das Schiff riesig steile Bordwand, und droben an der Reling stand die fremde Mannschaft und wehrte ab, sie gab weder Kognak noch nahm sie welchen an. Keine Verständigung zwischen deutsch und französisch, nur der Kapitän Litzelmann fluchte in beiden Sprachen und ließ keinen an Bord, nicht einmal harmlose Reporter mit den besten Empfehlungen. Da war nichts zu machen, nur ein schönes neues Ausflugsziel, und wer Glück hatte, konnte auch die Arbeit der Seeschlepper bewundern, die herangerauscht waren und mit viel Manöver zerrten und zogen, bis die Trossen brachen, um dann wieder nach Haus zu dampfen – pro Tag und Schlepper etliche tausend Mark! Die Adrar blieb den ganzen Winter durch, rutschte ein bißchen hin und her, und beim Maskenball im Februar in Kampen waren schon fünf Negusse mit gestutzten schwarzen Bärten, einem schick gewundenen Handtuch um den Kopf, in langem Nachtgewande und in weißen, langen Unterhosen zu sehen, belacht und angestaunt. Und der Frühling kam, und es kamen die Badegäste, und obligatorisch war ein Ausflug zur Adrar mit ihrem undurchdringlichen Geheimnis. Es kamen die Nackedeis und aalten sich im Sande dicht vor der Bordwand, und die armen und bekannt liebebedürftigen Franzosen standen droben und stierten und riefen allerlei komische Worte, die niemand verstand, aber sicherlich feine Huldigungen waren, indes vorsichtig die Köpfe der braven deutschen Soldaten über den Dünen erschienen, welche nun ihrerseits stierten, doch waren deren Zurufe keineswegs unverständlich und von deutscher Eindeutigkeit.

Geflüster und Gewisper weiterhin, diesmal nun auch über die unerforschlichen Wege des internationalen Seerechts. Der Dampfer war nicht freizukriegen. Runde neun Monate war die Mannschaft der Adrar an Bord gefangen, Mord und Totschlag sollten bei ihnen gang und gäbe geworden sein. Sie bekamen zwar gute Verpflegung, aber sonst nichts, sie hatten zwar im Sommer einen schönen Ausblick auf die ehrsamen Frauen und Mädchen der «Germania» des Tacitus, aber der Anblick allein vermochte die heißblütigen Franzosen nicht zu befriedigen. Auch waren Neger an Bord und Chinesen, und überhaupt sprachen nur wenige das Französisch, das von unten zu ihnen hinaufgerufen wurde. Nur einer der Schiffsoffiziere, der jüngste und ruhmreichste des Schiffes, der Funker, der immer wieder die zerbrochenen Antennen zu flicken und die stark lädierten Apparate in Ordnung zu bringen verstand, bat um etwas – was jedermann sehr wunderte: Er bat um französische Lektüre. Die war aufzutreiben. Die als besonders intellektuell berüchtigten Badegäste gingen von Haus zu Haus und sammelten französische Bücher, es waren nur wenige, die zusammenkamen, aber endlich löste sich doch die Zunge des dankbaren Mannes. «Jamais de ma vie», sagte er emphatisch, «j'ai vue une île déserte comme ça! Nom de Dieu, rien que le sable et la mer!» –

Das war endlich ein Ansatzpunkt der deutsch-französischen Verständigung, und sofort auch wurde der brave Funker aufgefordert, er solle doch zugeben: Das Schiff sollte nach Abessinien? Da rief der Franzose aus: «Mais oui!» und hob seine Hände wie segnend über den Strand und setzte fort: «Voilà.» Man pilgerte, besonders wenn man nackt war, «totalement nu» nach Abessinien. Dann kam der Tag, als die Reederei der «Adrar» berechnen konnte, daß die Kosten der ergebnislosen Bergung des Schiffes begannen, den Schrottwert zu überschreiten, der Dampfer wurde an die Bugsiergesellschaft verkauft und von der Mannschaft verlassen – der Funker gab die französischen Bücher nicht zurück – und am 17. August 1936 verbreitete sich die Nachricht, die «Adrar» sei flott und abgerauscht, von den Schleppern der Bugsier geleitet. Auch das internationale Seerecht hat seine Geheimnisse.

Nichts blieb mehr von der «Adrar» zurück als ihr Geheimnis und der Name «Abessinien» für den Strand, der sich so lang und einladend von Kampen bis zur Höhe von Buhne 31 dehnt.

Zusatz: nichts von dem, was über die «Adrar» geflüstert und gewispert wurde, entsprach der Wahrheit. Das Schiff hatte keine Maschinengewehre in der Ladung, sondern Porzellan, und war nicht auf der Reise nach Abessinien, sondern nach Brest.

AUGUST KOPISCH

Die Büsumer

Die Büsumer wohnen am Meeresstrand
Und sind für kluge Leute bekannt,
Nur treiben sie die Bescheidenheit
In manchem Stücke gar zu weit.
Des einen Sonntags ihrer neun
Schwimmen sie weit in die See hinein.
Auf einmal, wie das Meer so schwankst,
Wird einem um die andern Angst,
Und zählt sie alle: Eins, zwei, drei,
Bis acht – und läßt sich aus dabei;
Denn er ist ein echtes Büsumer Kind,
Die immer so bescheiden sind.
Ein zweiter probierts, zählt: Eins, zwei drei,
Bis acht – und vergißt sich auch dabei.
Da schwimmen sie alle bestürzt ans Land,
Wo eben ein kluger Fremder stand.
Dem klagten sie jammernd ihre Not
Und sagten: Von uns ist einer tot!
Und wußten nicht, welcher ertrunken sei!
Und jammern und zählen immer aufs neu,
Und finden immer nur wieder acht,
Weil jeder bescheiden an sich nicht gedacht.
Der Fremde sprach: Bescheidenheit
Führt euch, ihr guten Leute, zu weit;

Steck jeder die Nas in den Sand einmal,
Und zählt die Tupfen, so habt ihr die Zahl.
Sie folgten dem Fremden, da zählten sie – neun!
Und luden vor Freud ihn zum Frühstück ein.

ELISABETH HERING

Die Sage vom Schiffe Mannigfuald und von der Friesen Ursprung

In alten Zeiten lebten die Friesen weit von ihrer jetzigen Heimat entfernt in einem Küstenstrich des östlichen Mittelmeeres. Einst aber kam über sie eine große Not: Sie wurden von fremden Eroberern bedrängt, die ihnen die Freiheit zu rauben drohten. Die Heerscharen, die in ihr Land einfielen, waren so gewaltig, daß an Widerstand nicht lange zu denken war. Doch liebten die Friesen ihre Freiheit über alles, und sie wollten niemandes Knechte werden. Darum beschlossen sie, lieber ihre Heimat zu verlassen als sich ihren Feinden zu unterwerfen.

Die Friesen waren ein seetüchtiges Volk, und sie besaßen viele Schiffe. Sie fürchteten aber, womöglich durch Stürme auf dem Meer voneinander getrennt und nach verschiedenen Richtungen hin verschlagen zu werden, und so kamen sie überein, alle ihre Schiffe zu einem einzigen zu vereinigen, das alles Volk aufnehmen sollte, mitsamt allem Hab und Gut – weshalb sie ihm, als es fertiggestellt war, den Namen «Mannigfuald» gaben.

Ungeheure Ausmaße hatte dieses Schiff. Sein Vordersteven war wie der Kopf eines riesigen Walfisches gestaltet, und um vom Bug bis zum Heck zu gelangen brauchte man Wochen. Der Koch, der für die Mannschaft das Essen zubereitete, hatte einen so riesigen Kessel, daß er mit einem Kahn in der Suppe herumfahren mußte, um die Klöße herauszufischen. Und die Matrosen, die mit glattem Kinn in die Rahen stiegen, kamen mit Vollbärten wieder herunter.

Die Friesen waren noch nicht lange unterwegs, als sich unter ihnen ein heftiger Streit erhob. Denn es hatten sich auf dem großen Schiff Mängel herausgestellt, die behoben werden mußten, und die Ansichten darüber, wie dies zu geschehen habe und wer überhaupt der Anführer sein solle, gingen auseinander. Und es wäre wahrscheinlich deswegen noch zum Kampf gekommen – aber ehe die Friesen überhaupt zu den Waffen greifen konnten, zog ein schweres Gewitter auf.

Nun mußten sie alle ihre Kräfte vereinen, um dem Unwetter die Stirn zu bieten und nicht mitsamt ihrem Schiff in den Fluten unterzugehn. Darum schlossen sie Frieden miteinander, und die wenigen, die sich trotz der drohenden Gefahr immer noch nicht dazu bereit fanden, wurden kurzerhand über Bord geworfen, dem Meeresgott zum Opfer.

Und siehe, kaum war das geschehen, da teilte sich auch schon das dunkle Gewölk am Himmel, und das Sternbild des Orion wurde sichtbar, das ihnen mit seinem Gürtel (den sie Peri-Pikh nannten) den Weg nach Westen wies. Das Meer glättete sich, und über das Schiff legte sich eine feierliche Stille, die nur durch das Plätschern am Bug unterbrochen wurde.

Plötzlich sah man aus dem Meer eine riesige, bleiche, nebelhafte Gestalt aufsteigen. Sie erhob sich über die Wogen, schritt auf das Schiff zu und betrat die Planken. Erschrocken wichen alle Friesen zurück und gaben dem unheimlichen Fremden, dem das Wasser aus den langen, wallenden Haaren und aus den Gewändern troff, den Weg frei. Und ohne ein Wort an sie zu richten verschwand er im Rumpf des Schiffes.

Bald vernahm man aus dem Inneren der Mannigfuald Stimmen: eine helle, und eine tiefe. Die Menschen lauschten, und sie konnten ab und zu auch einige Worte verstehen. Es klang wie: Gerechtigkeit, Einigkeit, Hoffnung. Da flüsterten sie – denn laut zu reden wagten sie nicht: «Das wird der Uald sein, der mit dem Fremden spricht!» (Der «Uald», der «Alte», war der Schutzgeist ihres Volkes, der sie auf dieser gefahrvollen Reise begleitete. Doch keiner hatte ihn je gesehen.)

Als der Morgen graute, kletterten die Beherztesten hinunter in den riesigen Leib des Schiffes. Aber sie fanden niemanden vor und wollten schon enttäuscht wieder hinaufsteigen, als einer von ihnen eine zusammengerollte Ziegenhaut entdeckte. Sie entfalteten die Haut, und sie erblickten auf ihr seltsame Schriftzeichen. Keiner konnte sie deuten, bis endlich einer der Ihren, ein Mann namens Freso, hinzutrat. Er verstand die Schrift zu entziffern und las den andern vor, was auf der Ziegenhaut stand:

> «Wenn ihr in das Land kommt,
> das euch bestimmt ist,
> so richtet euch friedlich ein!
>
> Nicht Gewalttat,
> sondern Recht und Gerechtigkeit
> herrsche unter euch!

Setzt euch Gesetze!
Küret euch Richter!
Seid einig untereinander!

Dann wird eure Hoffnung
auf eine glückliche Zukunft
sich erfüllen!»

Als Freso diese Worte vorlas und dabei die Haut immer mehr aufrollte, entfielen ihr drei kleine goldene Gegenstände. Weibliche Gestalten waren es – eine hielt Schwert und Waage, die andere Anker und Vogel, während die dritte *ein* Kind auf dem Arm trug und *zwei* an der Hand führte. Es waren demnach Sinnbilder der Gerechtigkeit und der Hoffnung und der Einigkeit. Und noch Jahrhunderte später fand man ihre Nachbildungen in den Häusern und auf den Schiffen der Friesen; sie wurden in Holz oder Metall oder in andern Stoffen gearbeitet, als Verzierungen an Wänden oder Truhen angebracht – besonders gern aber an kunstvoll aus Knochen geschnitzten Messergriffen.

Freso wurde umringt und umjubelt. «Lenke du unser Schiff durch die Gefahren des Meeres!» rief es von allen Seiten. «Wir wollen jederzeit deinen Anweisungen gehorsam sein! Und wenn wir dann wieder an Land sind, werden wir uns Gesetze geben und nach ihnen als freie Menschen leben!»

Da bestieg Freso seinen Hengst, ritt auf der Mannigfuald vom Heck zum Bug und vom Bug zum Heck und sah überall nach dem Rechten. Und den Mängeln, die er entdeckte, wurde abgeholfen.

Freilich ging die Reise nicht so schnell vonstatten, wie heute ein Schiff die Meere durcheilt. Schwerfällig war ihr Fahrzeug, durch unbekannte Gebiete mußten sie es steuern. Mancher starb und wurde ins Meer versenkt, ehe das Ziel erreicht war, und viele Kinder wurden auf dem Schiff geboren.

Auch dem Freso – der ein Mann gewesen war in der Vollkraft der Jahre, als sie ihn zum Lenker des Schiffes bestimmten – waren inzwischen die Haare ergraut. Deshalb nannten sie nun auch ihn den «Alten» (oder, in ihrer Sprache, den «Uald»), gleich dem Unsichtbaren, der sie begleitete.

Viele Gefahren hatte die Mannigfuald zu bestehen. Einst, als ihr eine riesige Wolke das Leitgestirn, den Orion, verdeckte, fuhren sie in die Irre und waren in Gefahr, in den seichten Wassern der großen Syrte aufzulaufen und steckenzubleiben. Zum Glück aber blies sie ein heftiger, heißer Südwind aus dieser gefährlichen Meeresbucht wieder hinaus.

Bald darauf sahen sie am nordwestlichen Himmel einen Feuerstrahl aufsteigen. Sie meinten nicht anders, als daß er angezündet worden sei, um ihnen durch die Nacht den Weg zu weisen, falls ihnen das Sternbild, dem sie folgten, wieder untreu werden sollte. Es war aber die Feueresse Vulkans, des Gottes der Schmiede, der seine Werkstatt im Ätna auf Sizilien betrieb.

Lange leuchtete diese riesige Feuerwolke den Friesen bei Nacht, und bei Tage ragte der Bergriese selbst wie eine ungeheure von Wolken bedeckte Bake hervor, so daß die Mannigfuald einen Wegweiser hatte. Und als der Feuerberg allmählich hinter ihnen verschwand, tauchten andere Berge und Inseln aus den Fluten empor, bis die hohen Uferfelsen an beiden Seiten des Meeres immer näher aneinander rückten, das Fahrwasser immer schmaler werden ließen und ihnen schließlich den Weg überhaupt zu versperren drohten.

Endlich fanden sie das enge Meerestor zwischen den «Säulen des Herkules». Sie gaben ihm den Namen «dit Nau», vielleicht weil ihr Schiff nur mit genauer Not hindurchkam, und weil sie sich auch später noch der Angst erinnerten, die sie dabei ausgestanden hatten.

Als sie durch die Meerenge gefahren waren, erlebten sie zum erstenmal das riesige Weltmeer. Heftiger brausten die Stürme und wogten die Wellen, mächtige Meeresströmungen rissen das Schiff mit sich fort – weit, weit hinaus bis dorthin, wo man nur Himmel und Wasser, Wasser und Himmel sah, in welche Richtung man auch schaute. Sollten sie das Land für immer aus den Augen verloren haben? Segelten sie bis zum Ende der Welt? War ihnen der Untergang bestimmt?

Da entdeckte Fresos Bruder Saxo, der Steuermann des Schiffes, am nördlichen Himmel einen fast still stehenden Stern, um den alle andern zu kreisen schienen, und der jederzeit leicht aufzufinden war, denn die beiden hinteren Räder des Sternbildes, das sie den Himmelswagen nannten, standen mit ihm stets in einer geraden Linie. Diesen Stern also wählten sie von nun an zu ihrem Leitstern und segelten immerdar nach Norden.

Und als sie dabei wieder auf eine Küste trafen und an ihr zum erstenmal Ebbe und Flut erlebten, da wähnten sie nicht anders, als daß irgendwo ein riesiger Wal liege, der sich alle sechs Stunden voll Wasser sauge und es alle sechs Stunden wieder ausstoße und so das Auf und Ab der Gezeiten verursache.

Je höher sie nach Norden kamen, desto öfter hüllten dichte Nebel das Schiff ein, so daß es die Richtung zu verlieren drohte. Darum waren sie glücklich, als sie vor sich endlich ein weißes Segel auftauchen sahen, das zu einem Schiff aus den Nordländern gehörte, und sie beschlossen, ihm zu folgen.

So gelangten sie an Klippen und felsigen Küsten vorbei in den Ärmelkanal und zur Meerenge von Dover. Die erschien ihnen so schmal und eng, daß sie fürchten mußten, gar nicht hindurchzukommen. Deshalb gab Freso Befehl, die Backbordseite des Schiffes mit weißer Seife zu schmieren.

Das half: Die Mannigfuald konnte sich zwischen den Klippen hindurchzwängen. Doch bis zum heutigen Tage haben die Felsen von Dover die weiße Farbe behalten, von dem Seifenschaum, den sie dem Riesenschiff abgestreift haben.

Nun endlich waren die Friesen dem Ziel ihrer Reise nahe. Sie segelten zunächst durch das Skagerrak und das Kattegatt in die Ostsee, doch da sie hier nur ganz seichtes Fahrwasser fanden, wäre ihr Schiff beinahe stecken geblieben, wenn sie nicht schnell allen Ballast ins Meer geworfen hätten – woraus die Insel Bornholm entstanden ist. Darauf aber kehrten sie schleunigst wieder um, kamen in die Nordsee zurück und gingen hier endlich vor Anker.

Freso siedelte sich in der Gegend von Vlieland an, Saxo etwas weiter ostwärts im Lande Hadeln, und Bruno endlich, der dritte der Brüder, hat Brunswig (Braunschweig) gegründet.

WERNER FELITZ

Das mißverstandene Lied

Eine Rategeschichte

Am 11. August, mitten in der Hochsaison, fuhr mit dem Dampfschiff von Hamburg aus ein erholungsbedürftiger Feriengast auf jenes friesische Inselchen hinüber, das seit kurzem unter der Herrschaft einer zweiundzwanzigjährigen Frau stand. Obwohl sie als ebenso prüde wie resolut galt, hatte sie es bisher geduldet, daß ihr fern vom Mutterland gelegener «felsiger Vorposten» zusehends zum fashionablen Seebad avancierte, wo «keine Etiquette die Gäste genierlich machte», wie ein zeitgenössischer Journalist bemerkte.

Die angeblich schon von Tacitus beschriebene «Wunderinsel» war sozusagen «in». Und dafür gab es mehrere Gründe, unter anderem diesen:

Man befand sich als Deutscher im Ausland und doch noch im äußersten Grenzbereich der Muttersprache, in welcher man hier einigermaßen frei von der Leber weg über die politische Misere in der Heimat räsonieren konnte.

Das nutzte der besagte, soeben zur Badekur anreisende Herr denn auch bereits auf der Überfahrt weidlich aus. Ein Politikus aus Passion, nicht von Beruf, disputierte er mit Oppositionsmännern aus Hannover über den schimpflichen Verfassungsbruch ihres Landesvaters. Als ihr Gesprächspartner sich mit Namen und Titel vorstellte, da zogen die Biedermänner respektvoll Hut oder Mütze – und um zu beweisen, daß er ihnen kein Unbekannter war, stimmten sie die unterschiedlichsten Gesänge an: flotte Studentenlieder, rührselige Romanzen und beliebte Kinderreime, vor allem aber Vaterländisches. Das einzige, was all die Melodien und Strophen gemeinsam hatten, war, daß sie von ihm erdacht waren, von unserem Urlaubsreisenden aus Breslau. Ja, dorther kam er, der Herr Universitätsprofessor.

«Ich fürchte, man wird mir den Lehrstuhl demnächst unter dem Hintern wegziehen», äußerte er gegenüber den Gesinnungsgenossen, die sich, auf der Insel angekommen, mit ihm im «Conversationshaus» wiedertrafen. Er brauchte ihnen nicht zu erklären, warum er um seine

Professur bangen mußte. Sie kannten seine *Unpolitischen Lieder,* die freilich alles andere als unpolitisch waren, vielmehr «frische Hiebe gegen die Dummheiten des Polizeistaates, ausgeteilt von einem überzeugten Demokraten». Wenn der Verfasser auch eine Koryphäe der Wissenschaft war, ein Mann aus angesehenem braunschweigischem Bürgerhaus, und wenn er sich auch einen Beinamen zugelegt hatte, der ihn scheinbar adelte, so galt er doch als ein Mann des Volkes – und zwar keineswegs nur unter politischem Aspekt. Immer wieder trieb es ihn aus der Studierstube aufs «flache Land» hinaus. Als Laute spielender Liedermacher und Liedersammler war er von Skandinavien bis in die Schweiz ständig auf der Suche nach noch ungehobenen Schätzen der Volksliteratur, wobei seine besondere Liebe der plattdeutschen und der friesischen Sprache gehörte.

Unser Folklorefreund war auf die Insel gekommen, um im Meerwasser zu baden und es «zur Durchschwemmung des Körpers und des Gemüts» wohl auch zu trinken, doch es wollte ihm nicht gelingen, seinen Kopf von den düsteren Gedanken um die Zukunft Deutschlands zu befreien. Hinzu kam die Enttäuschung, daß auch auf dem Eiland der jungen Herrscherin die Freiheit der Meinungsäußerung eingeschränkt war. Zum Beispiel war es untersagt, die *Mar-*

seillaise zu singen, und eben danach stand den nach Gleichheit und Brüderlichkeit Lechzenden unter den Kurgästen der Sinn. So mußten sie sich auch hier zurückhalten, und erst sieben Jahre später sollte das Pulverfaß ihrer demokratischen Leidenschaft in die Luft gehen.

Dem ungeduldigen Sänger wurde es am Strande bald zu eng, der Trubel der Sommerfrischler war gar zu groß, der erfrischend radikale Zirkel aus dem Hannöverschen wieder abgereist. Da trieb es ihn, den bereits ortsbekannten fortschrittlichen Intelligenzler mit dem großen Wuschelkopf, zum Oberland hinauf. «Wenn ich dann so einsam wandelte auf der Klippe, nichts als Meer und Himmel um mich sah, da ward mir so eigen zumute, ich mußte dichten, und wenn ich es auch nicht gewollt hätte. So enstand am 26. August *das Lied.*» Mit diesen Sätzen beschreibt der Dichter die historische Stunde in seinen Memoiren.

Daß er an diesem Tag den Höhepunkt seines Lebens und Strebens erreicht hatte, glaubte er in jenem Augenblick zu erkennen, als er für die drei Strophen seines Gedichts auf Anhieb auch die dem Inhalt wie dem Rhythmus der Verse angemessene Melodie fand. Allerdings war es diesmal keine von ihm selbst erdachte Weise, sondern es kannte sie ein jeder schon, und das schien ihm gerade recht.

Und noch etwas traf sich gut: Drei Tage nach dem «großen Wurf» besuchte ihn sein Verleger, Herr Julius Campe aus Hamburg, auf der Insel. Dem bot er das neue Opus sogleich zur Publikation an – jedoch nicht so billig wie die Dutzendware seiner Hauspostillengedichte. Als sie am Strand entlangspazierten, sagte er zu Campe: «Ich habe ein Lied gemacht, das kostet aber vier Louisdor.»

Der als knauserig bekannte Verleger mag ein saures Gesicht gezogen haben. Aber noch ehe der Dichter im «Erholungszimmer» des Conversationshauses die letzte Strophe vorgelesen hatte, legte Campe ihm die verlangten vier Louisdor auf die Brieftasche.

Es war das höchste Honorar, das der Verfasser bisher für ein Quantum von vierundzwanzig Verszeilen erhalten hatte, nach heutiger Währung etwa achtzig Mark, und «unter dem Lärm der jämmerlichsten Tanzmusik» schrieb er sein Lied an Ort und Stelle für den Schriftsetzer ins reine.

Campe schaute ihm dabei zu. «Wenn es einschlägt», meinte er zuversichtlich, «so kann es ein Rheinlied werden.» Rheinlieder waren der große Schlager.

Schon eine Woche später konnte das pp. Publikum für nicht mehr als zwei Groschen den Einzeldruck des Liedes «arrangirt für die Singstimme mit Begleitung des Pianoforte oder der Guitarre» in jeder besseren Buch- und Musikalienhandlung kaufen. Doch die Rechnung ging nicht auf: Das Lied wollte partout kein «Rheinlied» werden. «Es hat kein Glück gemacht», mußte der Verleger dem Verfasser einige Zeit darauf mitteilen. «Die Kosten bekomme ich nicht heraus ... Wir haben uns darüber den Kopf zerbrochen, was Ursache ist ...»

Der enttäuschte Urheber glaubte die Ursache zu kennen: der «deutsche Splittergeist», die Gleichgültigkeit der meisten seiner Landsleute gegenüber dem Wunschbild eines einzigen deutschen Staates. In gehobener patriotischer Stimmung sangen sie weiterhin lieber die bewährten Rheinlieder: *Die Wacht am Rhein* und *Sie sollen ihn nicht haben* ... Der verhinderte Erfolgsautor verspottete diese großsprecherischen Gesänge und die Mentalität, die dahintersteckte, in dem Gedicht *Rheinlied und Rheinleid:*

«In jedem Haus ein Klimperkasten,
in jedem Hause Stimm' und Hand,
in jedem Haus Enthusiasten
fürs liebe deutsche Vaterland ...
Du magst nun ruhen, gehen, traben,
du hörst in tausend Melodein:
‹Sie sollen, sollen ihn nicht haben ...!›
von Tilsit bis nach Wesel schrein.»

Doch wer im Glashaus sitzt, soll nicht mit Spottversen um sich werfen. War denn die Mentalität, die in *seinem* Lied zum Ausdruck kam, sehr viel anders, sehr viel besser? Keineswegs! war die ziemlich einhellige Meinung aller, die die erste Strophe genau lasen – und dabei ganz wörtlich nahmen. Sie wurde zwar viel zitiert und dadurch rasch bekannt, aber ebenso rasch mißdeutet und verurteilt, nicht nur von Tilsit bis Wesel, sondern von England bis Rußland, von Konservativen und Fortschrittlichen – wegen des aggressiv imperialistischen Machtanspruchs, den sie angeblich verkündete. Die Nachbarstaaten fühlten sich provoziert und konterten mit deftigen Parodien.

Nun, das hätte den Verfasser noch kalt gelassen, denn für das Ausland hatte er sein Lied ja nicht geschrieben. Mit Bestürzung registrierte er dagegen die entschiedene Ablehnung im eigenen Lande. Die Reaktionären bemängelten, daß in dem Lied dem Kaiser nicht Reverenz erwiesen werde, was man angesichts der hochtrabenden Überschrift des Werks doch wohl erwarten könnte. Die Fortschrittlichen wiederum interpretierten es als antirevolutionäres, größenwahnsinniges Credo eines Philisters und rückten von ihrem einstigen Genossen ab. Und was die Liberalen über das Lied dachten, sprach, Jahrzehnte später, am deutlichsten Friedrich Nietzsche aus: «... vielleicht die blödsinnigste Parole, die je ausgegeben worden ist.»

Dabei hatte es der Dichter beileibe nicht als lyrische Kriegserklärung gemeint, vielmehr als stürmische Liebeserklärung in der Art von Schillers «Seid umschlungen, Millionen!» Doch gegen das vermaledeite Mißverständnis um dieses Lied war nicht anzukommen. «Kein anderes Liebeslied hat sich solch falsche Deutungen und solchen Mißbrauch gefallen lassen müssen», resümierte nach mehr als einem Jahrhundert der *Münchner Merkur.*

In der Absicht, sich fortan vorsichtiger und wohl auch klarer auszudrücken, schrieb der unglückliche, ohne Lehrstuhl zwischen allen Stühlen sitzende Dichter immer neue Lieder ähnlichen Inhalts, voller Hoffnung, daß sich eines davon durchsetzen und vom ganzen Volk gesungen werden möge. War es denn nicht anerkanntermaßen seine Stärke, präzis den Ton des Volks zu treffen?! Hatte er nicht, Dichterruhm und Autorenhonorar in den Wind schlagend, den Beweis erbracht, daß Volkslieder «machbar» sind?! Viele Lieder, die wir für schlichte oder geniale Produkte des Volksmundes halten, stammen von ihm: «Ein Männlein steht im Walde...», «Alle Vögel sind schon da...», «Kuckuck, Kuckuck, ruft's aus dem Wald...», «Wer hat die schönsten Schäfchen...» usw.

Alle summten's, alle sangen's, nur eben *das* Lied, das sang man nicht in jedem Haus, nicht zu jedem feierlichen Anlaß. Wie aber konnte es dennoch mit der Zeit so beliebt und so berühmt werden, fragt man sich. Die Antwort: Dafür sorgten die Gesangvereine. Es ließ sich so schön vierstimmig singen, und wenn irgendwo zwischen Flensburg und St. Gallen, Straßburg und Siebenbürgen einer Obrigkeit der Text nicht genehm war, so wurde er vom nächstbesten Kleinstadtpoeten kurzerhand umgedichtet; wenn irgendeiner Durchlaucht zwar der Text angenehm war, doch die Melodie zu katholisch, zu habsburgisch, dann mußte der Stadtkantor sich in Gottes Namen eine andere einfallen lassen. Dem armen verballhornten Originalverfasser kamen im Laufe der Jahre nicht weniger als achtundfünfzig neue Vertonungen seines Liedes zu Ohren und mindestens ebensoviele kühne oder lächerliche Varianten seiner mißverstandenen Strophen. Mittlerweile ein weißmähniger Siebziger, glaubte er weiterhin unerschütterlich daran, daß *sein* Lied eines Tages «zu allgemeiner Geltung von einem Ende Deutschlands bis zum andern» gelangen würde. Aber noch war die Konkurrenz der verwünschten Rheinlieder und des «Siegeskranzes» unschlagbar. Obendrein trug man dem geschaßten Professor bei Hofe immer noch nach, daß er ein Vierteljahrhundert zuvor Umstürzlerisches doziert und publiziert hatte. Bismarck zeigte sich wieder einmal eisern und eisig: Er lehnte einen Ehrensold für den greisen Volksdichter ab.

Dem Gedemütigten blieb nichts anderes übrig, als sich damit abzufinden, daß jenes Lied, das ihm zum Schicksalslied aller Deutschen bestimmt zu sein schien, nur sein eigenes Schicksalslied geworden war. Er starb mit fünfundsiebzig Jahren in einem Kloster – doch nicht als Mönch, sondern als kleiner Angestellter eines jener Fürsten, denen die in jenem Lied besungene Einheit des Reiches durch die Abschaffung der deutschen Kleinstaaterei für ihre Person wenig Vorteile versprach.

In den Gesangvereinen hingegen wie auch in den Kasernen und Studentenkneipen dachte man anders. Und so bekam den Gesang viele Jahre nach des Schöpfers Tod doch noch der Kaiser zu hören: auf einem Sängerfest unter seinem Patronat. Von nun an ging's mit dem Lied bergauf, und zwar etwa im gleichen Tempo wie es mit Seiner Majestät bergab ging. Das hatte der Dichter freilich nicht gewollt. Und auch dies nicht: daß an einem Novembertag Tausende deutscher Soldaten mit seinem Schicksalslied auf den Lippen in den Tod stürmten. Fünfundvierzigtausend Kriegsgräber erinnern an jene Schlacht, deren Name durch den Totengesang der jungen Rekruten zu traurigem Ruhm gelangte. Viele meinen auch heute noch, es sei unsere Nationalhymne gewesen, die da beim Sturmangriff erklang, doch gerade die durfte aus taktischen Gründen auf keinen Fall gesungen werden.

Es gehört zu den unbegreiflichen Paradoxien der Geschichte, daß unserem Lied die große Stunde erst dann schlug, als die letzte Stunde des alten glorreichen Deutschen Reiches geschlagen hatte. Fast auf den Tag genau einundachtzig Jahre nach seiner Entstehung auf der fashionablen friesischen Insel wurde dem vielgeschmähten Lied die vom Dichter so heiß ersehnte offizielle Anerkennung zuteil. Das hatte es nicht zuletzt dem ehemaligen Redakteur einer auch in Friesland geschätzten Bremer Zeitung zu verdanken. Doch war damit der Zank und Streit um den Text durchaus nicht ein für allemal beigelegt. Im Gegenteil! Die härtesten Auseinandersetzungen standen den Befürwortern des Liedes erst noch bevor.

Wie oft sich der Dichter ob der nicht enden wollenden Querelen im Grabe umgedreht hat, läßt sich kaum erraten. Wenden wir uns darum lieber Fragen zu, die leichter zu beantworten sind:

Wer war der Dichter des Liedes, das so lange mißverstanden wurde, und welche Überschrift trägt es? Wie heißt die Insel, auf der es entstand, welche Herrscherin regierte dort, und welche Jahreszahl stand auf dem Erstdruck des bewußten Werkes?

Wenn Sie im Zweifel sind, gibt es einen ganz einfachen Weg, Gewißheit zu erlangen: Sie finden den Dichter bei der Landungsbrücke am Südstrand.*

EMANUEL GEIBEL

Krokodilromanze

Ich bin ein altes Krokodil
Und sah schon die Osirisfeier;
Bei Tage sonn ich mich am Nil,
Bei Nacht am Strande leg ich Eier.

Ich weiß mit listgem Wehgekreisch
Mir stets die Mahlzeit zu erwürken;
Gewöhnlich freß ich Mohrenfleisch
Und sonntags manchmal einen Türken.

* Des Rätsels Lösung und einige Erläuterungen zu den in dieser Rategeschichte etwas geheimnisvoll umschriebenen Tatsachen findet man aber auch auf Seite 154.

Und wenn im gelben Mondlicht rings
Der Strand liegt und die Felsenbrüche,
Tanz ich vor einer alten Sphinx
Und lausch auf ihrer Weisheit Sprüche.

Die Klauen in den Sand gepflanzt,
Tiefsinnig spricht sie: Tochter Thebens,
Friß nur, was du verdauen kannst!
Das ist das Rätsel deines Lebens.

FRANZISKA ZU REVENTLOW

Das Jüngste Gericht

Es war am Vorabend des Jüngsten Gerichts.

Petrus und der liebe Gott pflogen Rat miteinander. Sie waren in einiger Verlegenheit, wie die Sache gehen sollte.

«Petrus, wie soll es nur werden?» seufzte der liebe Gott. «Wir sind gar zu sehr aus der Zeitanschauung herausgekommen. Und da kommen nun alle diese modernen Menschen und sind eine ganz andere Art von Rechtsprechung gewöhnt und wir –»

Petrus hatte erst schweigend zugehört, dann seufzte er: «Gottvater, wir sollten einen Staatsanwalt zum Beistand haben. Siehst du, die Leutchen auf Erden können sich keine Gerichtsverhandlung ohne Staatsanwalt vorstellen. Und sie haben recht. Wer soll denn anklagen? Für dich schickt sich das nicht. Der oberste Richter kann doch nicht die Anklage führen. – Das Prinzip der Milde und Gerechtigkeit würde darunter leiden. Und ich? Man weiß ja, wie die Leute sind. Sie könnten mich für parteiisch oder am Ende gar für bestechlich halten. Und dann träfe es sich gerade gut. Gerade gestern haben wir einen Staatsanwalt in die Juristenabteilung des Fegefeuers bekommen. – Die Herren sollen ja heutzutage Kolossales in der Rechtsprechung leisten.»

Aber der liebe Gott wollte nicht recht ran. Er meinte, es müsse auch so gehen. Die Zuziehung eines Staatsanwalts sei im göttlichen Weltplan von Anbeginn nicht vorgesehen.

Sankt Petrus wagte nicht weiter zu widersprechen. Die Sache hatte ja auch immerhin ihre Bedenken.

Der Jüngste Tag brach an. Auf Erden herrschte ein furchtbares Durcheinander, die Erde drehte sich nicht mehr, die Sonne hatte aufgehört zu scheinen. Die Gräber taten sich auf, und mit Entsetzen sah man seine guten Freunde wieder auferstehen.

Die recht gesinnten Menschen erfaßten sofort

die Sachlage und fingen an zu beten und sich zu bekehren. Die Lasterhaften und Verstockten dagegen beeilten sich noch, die wüstesten Gelage und Orgien zu veranstalten, weil sie in ihrem sträflichen Materialismus meinten, es sei ja nun doch alles vorbei.

Im Himmel war die Konfusion womöglich noch größer. Der liebe Gott und Petrus saßen vor ihren großen Büchern, suchten, zählten und verglichen um die Wette. Da waren die Geburts- und Todesregister, die Himmel-, Höllen- und Fegefeuerlisten. Da waren die Kontobücher – auf der einen Seite standen die Sünden, auf der anderen die guten und verdienstlichen Werke der Menschheit aufgezeichnet.

Manches Mal konnte der liebe Gott sich nicht durchfinden, und Petrus schlug das Gewissen. Die Buchführung war seine schwache Seite, und er hatte es manchmal nicht ganz genau damit genommen. Gewöhnlich hatte er sich dabei beruhigt, daß es am Ende gar nicht zum Jüngsten Gericht kommen würde. Und nun war es da. – Kalter Angstschweiß trat dem armen Petrus auf die Stirn. Verstohlen blickte er zu Gottvater hinüber. Der legte gerade die Feder aus der Hand und sagte nach längerem Nachdenken: «Petrus, weißt du, ich glaube, die Idee mit dem Staatsanwalt wäre doch nicht ganz ohne. Wir finden uns da sonst nicht zurecht. Die Rechtsanschauungen haben sich in letzter Zeit sehr verschroben.» – Der liebe Gott versprach sich, er meinte verschoben – Petrus merkte es, aber wagte nicht, ihn zu verbessern. Voller Freude suchte er den Schlüssel zur Juristenabteilung und begab sich ins Fegefeuer. Als er zurückkam, erschien mit ihm ein Herr in der üblichen Büßertracht, der mit kalten, unbestechlichen Blicken um sich schaute. Er stellte sich dem lieben Gott als Staatsanwalt Donnerschlag vor. «Freut mich, klingt sehr vielversprechend», sagte der liebe Gott, die Verbeugung erwidernd, «Petrus, du magst einstweilen die Leute versammeln und eine provisorische Scheidung vornehmen, du weißt ja, die Schafe zur Rechten, die Böcke zur Linken.» – – «Wir pflegen uns hier nämlich bildlich auszudrücken, das ist so die Tradition», fügte er zum Staatsanwalt gewendet hinzu.

«Sie, Herr Donnerschlag, sind wohl so freundlich, einstweilen die Register durchzusehen und sich etwas zu orientieren. Petrus hat Ihnen wohl schon gesagt, was uns veranlaßt hat, Sie um Ihren fachmännischen Beistand anzugehen. – Ich habe jetzt noch alle Hände voll zu tun. Auf Wiedersehn!»

– Der Gerufene setzte sich vor die Bücher, zog eine Miniatur-Westentaschenausgabe des Strafgesetzbuches hervor, las, schlug auf und machte Notizen.

Endlich war alles soweit. Das Jüngste Gericht konnte beginnen. Petrus hatte die provisorische Einteilung in Gerechte und Ungerechte sehr geschickt arrangiert.

Die Gerechten begannen vorlaut ein Halleluja anzustimmen. Ein Teil der Verdammten betete und flehte um Gnade, andere tobten, ein paar alte Schiffskapitäne fluchten sogar. Als man es ihnen verwies, behaupteten sie, man gewöhne es sich im Fegefeuer an.

Die Glocke des Präsidenten erscholl, und der liebe Gott hielt eine der Gelegenheit angemessene Thronrede, in welcher er sein Programm kundtat. Dann stellte er der Versammlung den Staatsanwalt Donnerschlag vor, was mit allgemeinem Gemurmel begrüßt wurde. Herr Donnerschlag ignorierte diese zweifelhafte Kundgebung vollkommen. Er glaubte, die Beförderung zum himmlischen Justizminister schon ganz sicher in der Tasche zu haben.

Nun intonierte das Orchester «Heulen und Zähneklappern» nach einem eigens für diesen Tag von einer einflußreichen Persönlichkeit komponierten Motiv.

Petrus mußte das Buch des Lebens herbeibringen, die Verhandlung konnte ordnungsgemäß beginnen.

«Es geht nach dem Alphabet, Herr Staatsanwalt», bemerkte der liebe Gott. – –

«Adam», begann Herr Donnerschlag mit weithin vernehmlicher Stimme.

Ein Gemurmel äußersten Unwillens erhob sich von allen Seiten. Im Hintergrund wurde sogar gezischt. Sankt Petrus konnte sich eines Lächelns nicht erwehren. Da standen sie ja, die beiden Sünder, die so viel Unheil angerichtet hatten. Eva hatte die eine Hand, in der sie den berühmten Apfel hielt, auf dem Rücken versteckt, und beide waren äußerst verlegen. Sie schienen sich in der großen Versammlung zu schämen, da sie so wenig anhatten. *«Passons là-dessus»*, warf der liebe Gott in jovialem Ton ein und sagte dann leise zum Juristen, als er dessen Brillengläser verwundert auf sich gerichtet sah:

«Entschuldigen Sie, Herr Staatsanwalt, mit Adam und Eva ist das so eine besondere Sache. Sie verstehen – der göttliche Weltplan –.»

Herr Donnerschlag wollte etwas entgegnen, aber jetzt hatte Eva sich halb umgewandt und warf ihm über die Schulter einen Blick zu, der ihn entwaffnete. «Gut denn, lassen wir die Sache ruhen, handelt sich ja auch nur um leichte Delikte – – Mundraub.»

«Abel! – hat sich früh der himmlischen Gerechtigkeit entzogen, indem er vorgab, von seinem Bruder Kain, einem notorischen Mordbuben, umgebracht worden zu sein. – Ich beantrage die Vorführung.»

Petrus und der Herrgott wechselten einen ratlosen Blick, aber Petrus faßte sich schnell und erklärte kurz und bündig, die Sache habe längst eine andere Aufklärung gefunden. Man habe Abel seinerzeit einen Abonnementplatz im Himmel eingeräumt, und er sei unbedingt unter die Gerechten zu klassifizieren – was auch geschah.

«Bebel», las der Staatsanwalt mit einem tiefen Seufzer der Befriedigung – endlich fing er an, sich heimisch zu fühlen.

«Gehört doch nicht hierher», rief der liebe Gott entrüstet, «bitte im Alten Testamente fortzufahren.»

Petrus bekam einen zornigen Blick, diese unordentliche Buchführung. Es war wirklich zu arg.

Das eben aufgeflammte Feuer in den Augen des Staatsanwaltes erlosch. Enttäuscht und abgekühlt las er weiter: «Abraham.» –

Wieder wurde interpelliert. Der Himmelsvater war hinter den Verlesenden getreten und raunte ihm zu:

«An Abraham dürfen wir nicht rühren. Bedenken Sie doch, der Stammvater des Volkes Israel. Sie begreifen, es sind die Prinzipien, die aufrechterhalten werden müssen.»

Und die Musik spielte einen Tusch, während Abraham unangefochten zu den Gerechten passierte. Jakob und Esau machten einen Versuch, sich ihm anzuschließen, wurden aber zurückgehalten. Ihnen ahnte Schlimmes.

Jetzt wurde eine Schar verwilderter Zuchthäusler durch einen Gendarm vorgeführt. Sie hatten rote Kokarden an den Hüten und sangen die Marseillaise. Es waren die Kinder Korah.

«Korah und Genossen», begann Herr Donnerschlag, «mehrfach vorbestraft wegen Aufruhrs und Zusammenrottung.»

Es wurde beraten. Der Staatsanwalt beantragte lebenslängliche Höllenstrafe und Stellung unter Polizeiaufsicht wegen Gemeingefährlichkeit der in Frage kommenden Individuen. Auch seien denselben die bürgerlichen Ehrenrechte abzuerkennen.

Petrus warf sich zum Verteidiger auf. Er meinte, man müsse mit der noch besserungsfähigen Jugend nicht so hart verfahren. Aber Herr Donnerschlag hielt ihm entgegen, es könne der zunehmenden Entsittlichung und inneren Zersetzung des Volkes durch dergleichen rot angehauchte Bestien nicht scharf genug entgegengearbeitet werden.

Er wußte diese Anschauung so plausibel zu machen, daß einstimmig auf Vollstreckung des Urteils erkannt wurde.

Man machte kurzen Prozeß mit der Rotte. Die Höllenversenkung wurde in Tätigkeit gesetzt, und die Kinder Korah verschwanden mit einem Hoch auf die Anarchie in der Tiefe.

«Nun hat es doch endlich mal jeklappt», ließ sich ein Eckensteher aus der Schar der Gerechten vernehmen.

Plötzlich entdeckte man, daß auch der Gendarm mit verschwunden war. Jemand wollte gesehen haben, wie ein Kind Korah ihn böswillig mit hinabgezogen habe.

Der Staatsanwalt beantragte Wiederaufnahme des Verfahrens, aber Petrus erklärte ihm, daß das bis zur nächsten Höllenrevision warten müsse. Augenblicklich würden weder die Angeklagten noch die Opfer vernehmungsfähig sein.

Herr Donnerschlag war just in seinem Element und begann Exempel zu statuieren, daß es eine Lust war. So wütete er mit verfassungsmäßiger Schneidigkeit durch die zwei Bücher Josua und das Buch der Richter hindurch, daß dem lieben Gott angst und bange wurde.

Heimlich rief er Petrus beiseite, um Rücksprache mit ihm zu nehmen.

«Petrus, was sollen wir machen, der Mann wächst uns über den Kopf. Dein Rat war gut, aber ich wollte, du hättest ihn mir nicht gegeben. Wo der Donnerschlag nur all die Paragraphen hernimmt. Für jeden hat er einen, der für ihn paßt. Was sollen wir denn anfangen, wenn er an die Könige kommt mit den fatalen Weibergeschichten. Das gibt noch den reinen Kolonialskandal.»

«Es ist recht peinlich», sagte Petrus nachdenklich. «Im schlimmsten Falle müssen wir den Teufel durch Beelzebub austreiben und – –»

«Das geht nicht», antwortete Gottvater entsetzt, «das wäre doch zu mittelalterlich possenhaft.» – «Ich meine es ja nur bildlich», sagte Petrus mit Würde. – Die Unterhaltung wurde jäh unterbrochen durch ein wüstes Getöse, Musik, Lärmen, Durcheinanderrufen.

«Um Gottes willen», schrie Petrus, «sie sind schon bei David, und wir haben nicht aufgepaßt.» –

Es hatte seine Richtigkeit. Schon hatte Herr Donnerschlag seine Anklagen vorgebracht, die in schwerer Menge auf den König von Israel herabregneten. David ließ sich aber nicht einschüchtern, sondern tanzte mit seinen Hofschranzen vor der Bundeslade, während das Getöse der Harfen, Zymbeln und Pauken durch den Himmel erschallte.

Petrus hatte seine schwere Mühe, alles wieder zur Ruhe zu bringen. Mehrmals mußte die Glocke des Präsidenten ertönen, bis die Verhandlung weitergehen konnte.

Nun begann Sankt Peter mit Gewandtheit die Verteidigung, aber es war ihm nicht möglich, den eklatanten Beweisen gegenüber durchzudringen, die Herr Donnerschlag auf den Tisch des Hauses niederlegte. Da war der Uriasbrief. Petrus und Gottvater konnten nur mit Mühe ihr Erstaunen darüber ausdrücken, wie der in die Hände der Staatsanwaltschaft gelangt sein konnte.

Der Staatsanwalt beantragte für den König David eine halbe Ewigkeit schwerer Höllenpein wegen Ehebruchs und Totschlag.

Vergebens suchte Petrus darzutun, daß Ehebruch Privatsache sei und nur auf Antrag des armen seligen Urias hätte verfolgt werden können, und daß man an dem Tode des letzteren doch nicht unbedingt den König beschuldigen könne. Derselbe habe nur angeordnet, daß Urias während der Schlacht an einem exponierten Platz Posten stehen solle. Das müsse jeder Soldat. Es könne hier also höchstens von einem *dolus eventualis* die Rede sein.

«Der Petrus hat wirklich schon etwas profitiert», dachte der liebe Gott, der ganz verwundert dem glänzenden Plädoyer zugehört hatte. Aber gegen Herrn Donnerschlag kämpfte selbst Petrus vergebens. Mit dem kostbaren Beweisstück, mit einem Hagel von Paragraphen und mit der festen Absicht, dem lasterhaften Judenkönig eins auszuwischen, trug der findige Mann des Rechts den Sieg davon, und das Unerhörte geschah. David mußte zur Hölle fahren. Für

Sack und Asche war es zu spät. Nun hatten ihm alle seine Psalmen doch nichts geholfen. Verstimmt trat er die Fahrt an, mit seinen Zymbeln und Pauken zu einem letzten Tanz aufspielend.

Der ganze Himmel war skandalisiert. Petrus und der liebe Gott schauten sich verzagt an. Jetzt sollte Hiob drankommen.

«Gottvater», flüsterte Petrus, «laß mich nur machen, ich werde Rat schaffen.»

«Mach', was du willst», sagte der liebe Gott ganz apathisch, «nur rette mir meinen Knecht Hiob.»

Sankt Peter entfernte sich schleunigst.

Während seiner Abwesenheit saß der liebe Gott wie auf Kohlen und mußte zuhören, wie der Staatsanwalt fortfuhr, ihm sein bestes Himmelsmaterial mit Hilfe dieses entsetzlichen Strafgesetzbuches zur Höllenware zu stempeln.

Hiob, der hart mitgenommene alte Mann, dem er, der Himmelsvater, längst ein Rentengut zugesichert hatte, wo er sich von den Strapazen seiner Heimsuchung erholen konnte, wurde der Majestätsbeleidigung geziehen. Und da sollte man noch ruhig sitzen und zuhören. Empört sprang der liebe Gott auf und übernahm dieses Mal selbst die Verteidigung:

Da hätte er denn doch noch ein Wort mitzureden. Die Sache sei überhaupt zwischen ihm und Hiob längst zur beiderseitigen Zufriedenheit beigelegt worden, da man sie nun aber noch einmal an die Öffentlichkeit gezerrt habe, so müsse er denn doch die Ansicht betonen, daß sich Hiob allerdings im Übermaß seiner Schmerzen einer Gotteslästerung schuldig gemacht, aber wenn er selbst – Gottvater – – «Gotteslästerung mit Gefängnis bis zu drei Jahren bestraft, § 16, 6», warf der Staatsanwalt ein.

Der liebe Gott konnte vor Zorn nicht weiterreden, und der Staatsanwalt setzte nun auseinander, wie hier nach seiner Auffassung unbedingt eine Majestätsbeleidigung zu konstruieren sei, insofern als für Hiob in diesem speziellen Fall eine Identität der himmlischen und irdischen Staatsgewalt vorgelegen habe. – –

Petrus war inzwischen wieder erschienen. In seiner Begleitung erblickte man einen allgemein bekannten Nervenarzt, der seinerzeit auf Erden durch seine tiefsinnigen Lehren über Suggestion und Gegensuggestion manchen Raubmörder den Händen der strafenden Gerechtigkeit entrissen hatte.

Ein alter Russe mit Heiligenschein und apostolischen Allüren machte die Umstehenden auf die ausgeprägte Schurkenphysiognomie des neuen Ankömmlings aufmerksam.

Jetzt unterbrach Petrus den Staatsanwalt mitten im schönsten Reden, was dieser nicht gern sah, aber er hatte längst gemerkt, daß man es mit dem Alten nicht verderben dürfe. So ließ er resigniert die Zeugen abtreten. Es waren die drei Freunde Hiobs, die mit ihren langen Reden und weisen Bemerkungen die Versammlung schon aufs höchste irritiert hatten.

Es wurde eine Erholungspause gemacht und während derselben die landesüblichen Erfrischungen herumgereicht, welche aus Heuschrekken und wildem Honig bestanden.

Dann ertönte wieder die Glocke, und diesmal ergriff Petrus zuerst das Wort. Er redete erst von der hohen Bedeutung des Tages, sprach dann über Gerichtswesen im allgemeinen und über das Wesen des Jüngsten Gerichtes im speziellen, erwähnte ferner, daß eine nicht zu verkennende Mißstimmung über einige der heute gefällten Urteile in der Versammlung herrsche. Einige scheelsüchtige Böcke hätten zwar triumphiert, aber unter den Schafen herrsche große Trauer. Hier lächelte Herr Donnerschlag satanisch. – Er, Petrus, mache deshalb den Vorschlag, daß ein Schwurgericht zusammentreten solle, das jedesmal nach eingehender Beratung den endgültigen Urteilsspruch zu fällen habe.

Ein beifälliges Gemurmel ging durch die Versammlung. Der liebe Gott atmete auf: Wenn man die Geschworenen richtig zusammenstellte, konnte Hiob noch gerettet werden. Und vielleicht waren auch noch Aussichten für David.

Man mußte ihm sofort telefonieren, daß er Revision gegen das vorhin gefällte Urteil einlege.

Der Staatsanwalt protestierte heftig. Aber der Redner war noch nicht zu Ende. Nachdem der Beifall sich gelegt, fuhr er fort: er habe außerdem die Absicht, eine anerkannte ärztliche Autorität als Sachverständigen heranzuziehen – hier machte der Arzt eine tiefe Verbeugung gegen die Anwesenden – als Sachverständiger, der vor und nach jedem Urteilsspruch den Geisteszustand aller Beteiligten aufs genaueste zu untersuchen habe. Es sei in letzter Zeit so oft nachträglich die geistige Zurechnungsfähigkeit eines Verurteilten oder seines Richters angezweifelt worden. Hierzu komme noch, daß die Leute durch den Aufenthalt im Fegefeuer sehr oft ihre geistige Frische einbüßten. Man könne nicht nachsichtig genug vorgehen. –

Ein rasender Beifallssturm machte den Himmel erbeben und übertönte die Worte des Herrn Donnerschlag, der sich Gehör zu verschaffen suchte. Er war der erste, der sich der Untersuchung durch den skeptisch blickenden Arzt unterziehen mußte, während Petrus und der liebe Gott sich mit der Auswahl der Geschworenen beschäftigten. Die bewährte Einteilung in Böcke und Schafe wurde auch hier festgehalten.

Als alles arrangiert war, wurde der Fall Hiob von neuem aufs Tapet gebracht. Der Arzt stellte zeitweilige geistige Störungen fest, an denen der alte Mann gelitten habe, und die Geschworenen verneinten die Schuldfrage.

Das Urteil erregte allgemeine Befriedigung. Die Gerechten frohlockten, und manchem Verdammungskandidaten wurde leichter ums Herz. Der liebe Gott telefonierte an David, und der degradierte König beging in der Hölle einen Freudentanz.

Herr Donnerschlag war außer sich. Seine Ausdrucksweise war fast unehrerbietig.

«Petrus», sagte der liebe Gott leise zu diesem, «wir müssen sehen, ihn loszuwerden. Er macht sich unmöglich und kompromittiert uns.»

«Nur abwarten», meinte Petrus, «vielleicht können wir ihn unter Kuratel stellen lassen.» –

Er nahm den Arzt beiseite und besprach sich mit ihm. Aber sie wurden gleich wieder unterbrochen.

Ratlos stürzte der liebe Gott herbei. «Um Himmels willen, Petrus, wo bleibst du? Alles steht auf dem Kopf. Nun sieh selbst, was du angerichtet hast mit deinen Geschworenen. Eben haben sie die Jesabel freigesprochen, und jetzt ist Kain dran. Den bringen sie mir womöglich auch noch in den Himmel, deine Geschworenen!»

Dem armen Petrus wirbelte der Kopf. Heute mußte auch alles schiefgehen.

Allgemeine Panik hatte die Versammlung ergriffen. Jesabel wandelte mitten unter den Gerechten und zog drei Foxterriers an der Leine hinter sich her. Vor den Geschworenen stand Kain mit roher Landstreichermiene und leugnete hartnäckig. Seine Manieren hatten einen unangenehm arbeitslosen Anstrich.

Auch aus der Hölle ertönte wilder Aufruhr. David tanzte, und die Kinder Korah brachten ein dröhnendes Hoch auf das Proletariat der Zukunft aus. Nur der Geistesgegenwart Sankt Peters gelang es, die Situation zu retten. Er erklärte der gespannt aufhorchenden Versammlung, das Jüngste Gericht müsse unlösbarer Schwierigkeiten wegen einstweilen vertagt werden.

Alles atmete auf. Nur Herr Donnerschlag stand wie angewurzelt da.

Der liebe Gott begann die nötigen Befehle zu erteilen, und die himmlischen Heerscharen flatterten geschäftig hin und her.

Tausende von weißbeschwingten Engeln stießen in ihre Posaunen. Petrus drückte auf einen Knopf, und das große Schwungrad, das das Weltsystem zu bewegen hatte, begann sich langsam zu drehen. Mit donnerartigem Getöse fingen die Planeten wieder an, ihre vorschriftsmäßigen Bahnen zu wandeln.

Upstoovt und Updröögt
Ostfriesischer Speisezettel

Mit Neejohrkooken und einem Sööpke begrüßt der Friese das neue Jahr. Fast jede Familie hat ihr eigenes Rezept, und beim Backen helfen alle mit. Anisduft durchzieht das Haus und zum Schluß wird die ganze Herrlichkeit in alten Milchkannen wohlverwahrt, damit die papierdünnen Kuchen auch kross bleiben.

Zutaten: 500 g Mehl, 375 g Zucker, 125 g Margarine, 2 Eier, 5 EL Öl, 2 Pakete Kardamom, 2 EL Aniskörner.

Zucker in heißem Wasser 1/4 l auflösen, Margarine schmelzen und mit den übrigen Zutaten verrühren. Waffeleisen erhitzen und mit einer Speckschwarte einreiben. Einen Löffel Teig auf das Eisen geben und schließen. Sobald der Dampf entwichen ist, nimmt man den Kuchen heraus und rollt ihn, bevor er erkaltet ist. Der Teig reicht für ca. 125 Neujahrskuchen.

Kalt und feucht kommt im Winter der Wind vom Wasser. Darum ißt der Friese gern etwas Deftiges mit reichlich Fett. Mit Vorliebe «Upstoovt Eeten», das heißt, Gemüse mit Kartoffeln durcheinandergemischt. Bekanntestes ist «Buuskohl», so beliebt und oft gegessen, daß der

Volksmund sagt: Van Buuskohl deit mi de Lief so sehr, ick eet min Leeven keen Buskohl wer.

Zutaten: Ein Weißkohlkopf, eine Zwiebel, 50 g Schweinefett, eine Mettwurst, 300 g luftgetrockneter Speck, ein Pfund Kartoffeln, Salz, Pfeffer.

Weißkohl reinigen, zerkleinern und mit einer Zwiebel andünsten. Dann gebe man den Speck und die Mettwurst dazu und lasse das ganze mit wenig Wasser auf kleiner Flamme etwa zwei Stunden garen. Die Kartoffeln schälen und in Würfel geschnitten dazugeben. Nach weiteren zehn bis fünfzehn Minuten wird der Eintopf mit Salz und Pfeffer abgeschmeckt und durchgestampft serviert.

Bohnen sind bei den Friesen sehr beliebt. Sie werden in allen Variationen gegessen. Als grüne Bohnen mit Speck, als Bohnensuppe, zum Winter als selbstgemachte «Insettbohnen» (gesalzene Schnippelbohnen) und, typisch friesisch, als «Updröögt Bohnen».

Zutaten: 500 g Bohnen, 250 g lufttrockener, durchwachsener Speck, 2 Mettwürstchen, 1 l Wasser, 500 g Kartoffeln.

Reife Bohnen werden im Herbst auf einen Faden gezogen und unter der Küchendecke getrocknet. Wenn die Girlanden gelb geworden sind, werden sie abgenommen und in einem Leinenbeutel verwahrt. Will man sie zubereiten, werden sie am Abend vorher gewaschen, kleingeschnitten und über Nacht eingeweicht. Am nächsten Morgen mit dem Speck und der Mettwurst ca. zwei Stunden lang kochen. In den letzten zwanzig Minuten die Kartoffeln mitkochen, durcheinandermischen und mit Salz und Pfeffer abschmecken.

Sind die ersten Nachtfröste über das Land gegangen, beginnt in Friesland die Grünkohlzeit. Lange schon haben die Friesen ihre sogenannten «Friesenpalmen» begutachtet, denn der erste Grünkohl ist eine Delikatesse. Wie anderen Landes eine Kegeltour veranstaltet wird, so unternimmt der Friese aus der Stadt heraus eine «Kohl- und Pinkel-Fahrt».

Gröönkool-Zutaten: 1 kg Grünkohl, 3 EL Hafergrütze, Salz, 2–3 Zwiebeln, 2 Tassen Wasser, 500 g luftgetrockneter Bauchspeck, 4 Mettwürstchen (Pinkel).

Kohl vom Strunk befreien, abkochen und kleinhacken. Mit Hafergrütze, dem Stück Speck, den kleingeschnittenen Zwiebeln, den Würstchen wird der Kohl wieder auf das Feuer gebracht und ca. 1½–2 Stunden langsam gargekocht. Zum Grünkohl schmecken am besten kleine Kartöffelchen.

Auch Süßspeisen werden in Friesland gern gegessen. Die Kinder lieben Pankook mit Sirup, und hat auf dem Lande die Kuh gekalbt, gibt es: Pirrel in de Püüt.

Zutaten: 1 l Beestmelk (die erste Milch der Kuh), 2 EL Mehl, 2 Eier, Salz.

Die Milch wird mit dem Mehl, den Eiern und dem Salz verrührt und in einen Leinenbeutel gegossen. Der Beutel wird zugebunden am Topfdeckel befestigt und in Wasserdampf gegart. Ist die Milch steif, wird sie aus dem Beutel genommen, in Scheiben geschnitten und mit Sirup und zerlassenem Schweinefett serviert.

Erblickt ein neuer Friese das Licht der Heimat, so wird dieses freudige Ereignis auch heute noch mit «Sienbohnsop» (Rosinenbohnensuppe) gefeiert.

Zutaten: 500–1000 g Rosinen, eine Flasche Branntwein, Zucker nach Geschmack.

Die Rosinen werden gewaschen und in etwas Zuckerwasser aufgekocht, damit sie nachher nicht allzu voll Alkohol gezogen sind. Dann mit Branntwein übergossen. Je nach Geschmack werden die Rosinen auch schon in Branntwein eingeweicht, bis sie sich prall vollgesogen haben.

Die Sienbohnsop wird in einem reichverzierten Silber- oder Zinngefäß serviert und mit einem Löffel gegessen. Der sogenannte Brannwienskopp vererbt sich in vielen Familien von Generation zu Generation.

Und zum Schluß – vielmehr zu jeder Tages- und Nachtzeit: Ostfriesischer Tee.

Zutaten: Möglichst lieber Besuch, etwas Zeit, ein gutes Gespräch, eine oft benutzte Teekanne (des Aromas wegen), ein Teestövchen, kochendes Wasser, Kluntjes (Kandis), süße Sahne, Tee, natürlich ostfriesische Mischung.

In die vorgewärmte Kanne wird der Tee hineingetan, pro Person ein Teelöffel und einen für die Kanne, ganz wenig kochendes Wasser darübergießen. Drei Minuten auf dem Stövchen ziehen lassen. Anschließend nach und nach kochendes Wasser aufgießen. Jeder bekommt einen Kluntje in eine friesische Teetasse, die kleiner ist als eine normale Teeschale. Der heiße Tee läßt den Kluntje knisternd schmelzen. Dann ein Wölkchen Sahne darüber. Den Tee schlürfen, beileibe nicht umrühren! Oben ist er bitter und unten süß. Der Teelöffel ist nur dazugegeben, um anzuzeigen, wenn man nicht mehr möchte. Man stellt ihn einfach in die leere Tasse. Drei Tassen aber bekommt jeder, das ist so Brauch bei den Friesen.

HANS LEIP

Die Deichflicker

Der Deich war schadhaft geworden. Es ist an der gefährlichsten Stelle des Stromes, schon nahe der See. Die Tiden nagen an der gewaltigen Böschung, die, von Menschen aufgerichtet, die Marschen schützen soll, das saftige Weideland, das tiefer liegt als der mittlere Wasserspiegel. Wenn der Mond wechselt und es Springflut gibt, dann klauben die Brecher dicke Granitblöcke aus dem Deich leicht wie ein Jungensdaumen die Rosinen aus dem Weihnachtsklöben.

Die Bauern schrieben an die Regierung. Es dauerte lange, aber eines Tages kam der Staatskommissar und beaugenscheinigte. Und als der nächste Frühling aufzog und der Schaden noch ein gutes Stück teurer war, kam die Sache denn in Schwung. Es war um die Zeit, da es der Landwirtschaft schlecht ging und die Weltmärkte die Erzeugnisse unter Preis lieferten. Somit waren die Bauern froh, bei der Deichflickerei anzuhaken, wenn sie es auch früher verachtet hatten. Gewiß, in einer verschollenen Großväterzeit hatte jedermann einst kostenlos am Deiche mitzuarbeiten gehabt nach dem harten Motto: Wer nich will dieken, mutt wieken. Heute jedoch, so deuchte es ihnen, wäre es noch schöner gewesen, dem Staate, der seine Steuerblutegel an jedwede Beutelfalte legte, für nichts und wieder nichts untern Arm zu fassen. Und man nahm den sauern Lohn des Arbeitsmannes ohne viel Dank als selbstredend hin. Und sie sprachen obendrein davon, daß es anders werden müsse, und daß die zu Neumünster es bloß man zu dummerhaftig angefangen hätten.

Nun wurden erst mal die Ruinen der alten Steinsetzung entfernt. Der Deich ist hier hoch wie ein vierstöckiges Haus in der Stadt und sah in seinem unteren Teile aus, als hätte die polnische Marine ein Übungsschießen darauf abgehalten. Die Löcher waren muddig voll Brackwasser, und wenn man die noch vorhandenen, von Tang und Algen schlüpfrigen Blöcke zu je vier Mann hochböhrte, schlängelten sich grüne Glasaale darunter, und auch an Wollhandkrabben war kein Mangel. Danach kam eine Schute voll schlanker Kiefernstämme, die man zu mannslangen Pfählen zersägte und unten zuspitzte und in den gehörigen Abständen zu niedrigen Palisaden verrammte. Und der Deich roch würzig nach den Heidewäldern, deren sanfte Wipfelbögen man dünn über das ferne andere Ufer blauen sah. Sodann kamen Ewer mit Bauschutt, davon es ja genug gab in den Städten, ebenso wie auch die Kiefernstämme von der Regierung kamen, und weil alle sozusagen an der gleichen Kuh sogen, überstürzten sich die Bauern nicht mit der Unterschüttung und dem Glätten der Löcher. Auf der Deichkrone stand ein Maler, der aus einer besseren Gegend zu kommen schien, dem Anzug nach. Und er malte die «Arbeit» und setzte seinen Ehrgeiz in große Bewegungen. Peter Kleuden aber sagte, er störe seine Ziege, die da auf dem grünen Teil weidete, und sah es sich an, schüttelte den prallen Kartoffelkopf, schneuzte sich durch zwei Finger und wischte mit dem roten Flanelltuche nach. So scharp ward nich arbeit' bi de Regierung! äußerte er mißbilligend und steckte die Ziegenkette ein paar Schritte weiter weg, und seitdem ist die Hochachtung vor der Kunst in dieser Landschaft keine bemerkenswerte Eigenschaft.

Dann aber kam der Schiffer mit den Steinen, und der wurde pro Ladung entlohnt. Darum hatte er es eiliger als die anderen. Sein langes Fahrzeug hatte nur einen Mast, der war aber stämmig genug, um mit dem angehievten Schotbaum einen kräftigen Kran abzugeben. An der Nock wurde ein vernünftiger Flaschenzug befestigt, und das Windetau hatte keinen einfachen Haken, sondern eine gewaltige Zange, mit der wurden die großen Steinblöcke erfaßt und schwebten aus dem Schiffsbauche empor, drehten sich schwerfällig in der Luft und wurden niedergelassen auf den einrädrigen Schubkarren, der da schon wartete. Und der Bauer, dessen Karren es gerade war, warf einen abschätzend finsteren Blick auf das feuchte Ungeheuer, das scharf nach verwesendem Seeschleim roch und nach der Tiefe, aus der die Taucher bei Laboe es gefischt hatten, und spuckte in die groben Fäuste, schob den Gurt über den Nacken, ergriff die Karrendeichseln, drückte das Kreuz durch und schob bedächtig die jankende Last an Land über die schmalen verwetzten Bretter, die von der Schiffsluke über Bord auf ein paar zitternden Absteifungen an den Deichfuß und die Böschung hinanführten. War er an die Stelle gelangt, wo die Steine benötigt wurden, ließ er mit grunzendem Laut den von der Anstrengung verpreßten Atem entfliehen, die Karre neigte sich zur Seite, und der Stein purzelte heraus.

Es hat gar kein Tempo! knurrte der Schiffer: In drei Tagen müsse der Kahn gelöscht sein. Die Bauern grinsten hämisch. Und auch Peter Kleudens Ziege meckerte herab. Sie war von der gelbschwarzen Sorte und hatte ein Gesicht wie der Teufel. Die Bauern achteten dessen nicht, aber dem Schiffer war es sonderbar. Er war ein langer dürrer Mann mit einem Knebelbart, der aussah wie ein gestutzter Strohwisch. Er war den Bauern gleich verdächtig vorgekommen. Er ging auch nicht in die Wirtschaft, er fragte Kleuden, ob er von der Ziegenmilch haben könne. Kleuden sagte verächtlich: Nö! Ein Schiffer, der Milch trank, war ihm noch nicht begegnet. Da versuchte es der Schiffer im Dorf und kriegte welche bei der tauben Witwe Tiedemann. Abends saß er auf dem Deich und erzählte den Kindern gruslige Geschichten.

Sechs Tage brauchten die Bauern wie der liebe Gott bei der Schöpfung, dann war der letzte Stein ans Licht. Der Schiffer setzte sein braunes Segel und rutschte mit der Ebbe seewärts, um eine neue Ladung zu besorgen. Die Bauern packten nun die großen Steine einen neben den andern auf die Schuttunterlage. Sie hatten Glück, da der Regierungsbeamte gerade jetzt zur Kontrolle kam; denn das Einpassen und Zurechtklopfen der Blöcke und das Berammen der Zwischenräume mit geeigneten Splittern muß sorgfältig geschehen und ist eine von Natur langsame Arbeit. Der Maler, der sich noch immer in der Gegend herumtrieb, meinte zwar, es sei einfacher und eleganter, eine glatte Zementböschung hinzugießen wie zu Gibraltar, der hatte aber keine Ahnung, daß ein Deich in sich federn muß im Schwall der Naturgewalten, genau wie eine Matratze, wenn sie nicht vorzeitig Kuhlen kriegen soll.

Nach wenigen Tagen schon war der Schiffer wieder da, sein langer Kahn lag bis an die Lademarke im Wasser, er wußte, was er dem Auftraggeber schuldig war, und die Bauern sagten bedauernd, wenn es ein bißchen gebrist hätte, wäre er abgesoffen mit seinen Steinen. Sie meinten es aber im Herzensgrunde nicht so schlimm, handelte es sich doch um ihre Länder, die da vorm Versaufen geschützt werden sollten. Nun ging die Plackerei mit dem Karrenschieben wieder los, eine wahre Knochenarbeit, und das mit weit weniger Umschichtigkeit, weil die schon vorhandenen Steine noch lange nicht eingebaut waren, und die, die das Einpassen besonders gut zu können meinten, durchaus keine Lust zeigten, Karrenhund zu spielen, was der Deichvogt denn auch so entschied. Dem Schiffer war es nicht recht. Er wollte seinen Kontrakt auf zehn Ladungen abgerissen haben, bevor im Alten Lande die Kirschen reif seien, deren Transport nach Hamburg wie auch späterhin die Äpfel und das Frachtgeld für beide er nicht missen wollte. Darum knurrte er, sooft es ging: Gau, gau, man' büschen hü! Und die Bauern nannten ihn deswegen Käptn Hü.

Sie hatten auch die taube Witwe Tiedemann verständigt, wo er die Milch bezog, so daß sie ihm, als er wieder kam, richtig sagte, sie müsse nun alles an die Meierei liefern. Er versuchte es an andern Stellen, aber alle wußten Bescheid, es gab überall Ausreden. Bis auf eine junge Frau, die von der hohen Geest war, wo die Herzen milder sind, die sagte, wenn ihr Mann nicht wäre, dann gern. Wenn er mal nicht da sei und zur Versammlung, dann vielleicht. Dann würde sie die Ziege selber holen.

Es war Peter Kleudens Frau. Und die Ziege weidete noch immer am Deich. Peter steckte ihren Kettenpfosten dem Fortschritt der Arbeit gemäß, damit er sie im Auge habe. Mittags besorgte er Wasser für sie, und bei Feierabend zottelte er mit ihr nach Hause. Da molk sie seine Frau im Stall, er stand dabei, und dann mußte sie die Milch trinken, solange sie noch warm war; denn er wollte allmählich gern einen Stammhalter haben; und aus dem übrigen wurde Käse gemacht.

Der Schiffer, Käptn Hü, trank Tee, und die Bauern merkten, daß er nach Rum roch, und sagten, den hat er geschmuggelt. Er aber schrie: Hü! Das ist ja 'n Tempo wie 'ne Fliege in der Buttermilch! Es war den dritten Morgen bei der zweiten Ladung. Da sagte einer der Bauern so aus den Kusen 'raus: Er könne es ja selber mal versuchen, so eine Karre voll den Deich 'raufzuknacken. Dann könne er mal sehen, ob es gauer ginge und mit mehr Hü. Der lange Schiffer spie giftig über Backbord. Aber es war an sein Ehrgefühl und seine Muskulatur gekitzelt worden. Da half nichts. Er tat einen gesalzenen

Fluch und packte die Karrenstengel mit seinen teerigen Flossen, als seien es Suppenschleefe. Den Schultergurt ließ er mißachtend baumeln, wo er baumeln mochte. Die Bauern hatten es so abgepaßt, daß gerade ein besonders fetter Brokken auf dem Schub lag. Der Schiffer kam aber gut damit über Bord, er war die Balance auf schmalen Wegen ja gewohnt. Wo die Bahn jedoch zu steigen begann, da rührte es ihm an die Puste. Er ließ nicht locker, er wollte es den Klutenpeddern schon zeigen, was Seemann heißt und Murr in den Kaldaunen. Aber die Bauern merkten ihm die Säuernis an. Tempo, hü! grölten sie, und Peter Kleuden, der ducknackig und krumm die Klappe am weitesten aufriß, fügte genußreich hinzu: Kiek, sien Mors röögt sick all! – Das hatte zur Wirkung, daß der Schiffer seine Aufmerksamkeit mehr auf seinen Achtersteven legte als gut war, und obwohl er trotzdem unter Ächzen und Stöhnen die halbe Deichhöhe, wohin der Stein sollte, sicher noch eben erreicht hätte, kam ihm nun der schnöde verschmähte Gurt ins Gehege, der da tückisch nachschleifte und unter seine Sohle geriet, so daß es einen Zuck gab und seine Kraft wie von einem elektrischen Schlag abgestoppt wurde und nicht nur der Stein, sondern auch die Karre auf die Böschung kippte. Das Gepolter wurde vom Hohngeschrei der Bauern übertrumpft. Der Schiffer verzog keine weitere Miene, sondern ging in seine Kabüse, und für den Tag war das Gau und Hü zum Schweigen gebracht. Die Bauern fühlten sich noch bedeutender als vorher. Der Hauch der Freiheit schwelte über ihrer Knechtsarbeit, und sie sprachen von der Geheimversammlung, die den Abend stattfinden sollte, und von der blutroten Fahne mit dem schwarzen Pflug und dem weißen Schwert. Steif und bedrohlich schwangen sie die Fäuste, trampelten auch auf der Luke herum und kündigten allen Bluthunden das Morgenrot der Rache an. Sie machten auch früher Feierabend. Und Peter Kleuden ließ die Ziege noch am Deich, da sie ihr Quantum noch nicht hatte.

Als alles still war, kam der Schiffer wieder aus seiner Luke, ging an Land und setzte sich oben auf dem Deich ins Gras. Die Sonne rollte sich in einen wurstförmigen Wolkenflunsch, daraus wuchsen Windbäume auf, es glusterte an ihren Wurzeln, als solle es Feuer geben. Das Wasser war hart und grau. Ein Dampfer glitt nach Amerika wie auf rostigen Eisenschienen. Die Möwen miauten ihm nach. Die Flut knisterte an den neuen Böschungssteinen, kam höher und färbte die hell abgeschlagenen Flächen dunkelnaß. Die Ziege riß an ihrem Pfahl. Sie schwieg und sah den Schiffer mit bösen gelben Augen an, und ihr ganzes höllisches Aussehen paßte gut zu dem brandigen Himmel und der steigenden Sintflut. Die Schwalben flitzten tief, sie stießen fast an des Schiffers Beine, um die Mücken zu gnappen, die sich um seine Socken sammelten. Er bohrte verdrossen mit einem Kiefernspan im Boden. Dünne Regenwürmer spulten sich hervor, die glaubten, der Maulwurf komme. Er faßte sie spitz mit seinen klobigen Fingern und warf sie in die Luft. Aber die Schwalben wiesen ihm die weißen Bäuche und hatten keinen Appetit. Und die Kinder kamen den Abend auch nicht. Die Väter hatten es ihnen gründlich verboten.

Dafür aber wandelte der Landjäger übern Deich und hatte den Zöllner bei sich. Die beiden blieben bei dem Schiffer stehen, an ihre Fahrräder gelehnt wie pappene Reklamebilder an die hintergeklebte Stütze. Der Schiffer ließ sich nicht stören, und sie begannen, über das Wetter zu sprechen, und daß man mit den Metten lieber angeln solle. Schließlich räusperte sich der Landjäger und sagte, sie wollten eigentlich mal einen Blick in seinen Kahn schmeißen. Und der Zöllner rückte seinen Schnurrbart zurecht und sagte: Sie haben nämlich Rum an Bord!

Stimmt! antwortete der Schiffer grienend: Ihr könnt 'n Schluck kriegen! Und damit blieb er sitzen. Die beiden Grünröcke wiesen den Bestechungsversuch in seine Grenzen zurück und schoben sich mit gebreiteten Armen und wackelnden Knien über die mageren Laufbretter, tauchten in den Bauch des Kahnes, rumorten zwischen den Steinen, kletterten in die Kabüse, stocherten mit der Plempe in die Koje, den Ofen, ins Kabelgatt, ins Gemach und in alle Ecken. Mit einer Rumflasche, die halb gefüllt war, erschienen sie wieder an der Oberwelt. Ist das alles? schrie der Zöllner.

Müßt ihr ja wissen! rief der Schiffer gnatzig zurück. Kam dann aber auch seinerseits an Bord und ließ die Güte der Flüssigkeit probieren, pur, da man keine Zeit mit Wasserheißmachen vergeuden wollte. Und er sagte, er trinke ihn gewöhnlich mit heißer Milch und Klundjezucker, das sei gut für die Brust. Und wie sie auf die Idee gekommen seien?

Oh, es war so Gerede in der Wirtschaft. Gerüchte. Dazu sind wir als Beamte ja da, erklärten sie wegwerfend.

Der Schiffer pfiff böse durch eine Zahnlücke. Denn komme es auf ein büschen mehr oder weniger Gerede ja nicht auf an. Denn sollten sie man mal im Grenzhaus vorgehen, da neumünstert sich was. Und das seien die richtigen Schmuggelanten, die sich vorn von der Regierung bezahlen lassen für ihr Deichgeflicke und Faulenzen und sie hinten anschummeln. Die Grünen zwinkten ihm zu. Und er sagte prost und versöhnte sich; denn durch die Luke sah er die junge Frau von der Geest, wie sie die Ziege vom Deich holte. Als sie die Flasche ledig hatten, nahmen die Beamten ihre Räder. Ihre Mienen waren kriegerisch, sie fuhren in Richtung Grenzhaus davon. Doch auf halbem Wege überlegten sie es sich, bogen nach der Poststelle ab und weckten Verstärkung an.

Der Schiffer stieg wieder auf den Deich. Das Dorf war merkwürdig still. Er holte tief Luft, seine Brust schmerzte von der Anstrengung am Morgen. Denn muß ich doch wohl mal Milch trinken, sagte er sich: Wie du mir, so ich dir! Die Brüder sind es nicht besser wert! Und damit ging er hinunter in Peter Kleudens Strohkate, und er kriegte schön warm zu trinken und konnte sich auch im übrigen nicht über Kälte beklagen.

In der Nacht, als im Grenzhaus die Versammlung mit Stank und Krach und etlichen Zertrümmerungen aufgelöst war und die größten Skandalmacher verschütt gingen, kam Peter Kleuden mit einem dicken Auge davon und mehrere andere mit ihm, und sie rechneten sich unterwegs aus, daß kein anderer als der verdammte Käptn Hü das Ding verraten haben könne. Sie schlichen daher nicht gleich nach Haus, sondern auf den Kahn, um den Schiffer gehörig zu vermöbeln. Der Schiffer war aber nicht da. Da glaubten sie erfreut, er sei auf ihre Anspielung wegen Schmuggelns eingebuchtet, und taten ein übriges, schon um die Deichflickerei noch ein wenig zu strekken, kriegten einen Bohrer aus dem Werkzeugkasten, und Kleuden bohrte eigenhändig Käptn Hüs Eigentum unter der Wasserlinie an. Denn mit dem «Wie du mir» springt das Schicksal manchmal komisch um. Und der Schiffer kam, als sie gerade verdufteten, sagte nicht viel, kriegte nasse Füße und stopfte das Loch wieder zu.

Nach ein paar Wochen, als alles wieder im Lot war und die Winden schon süßgrüne flache Kränze um die frischen Deichsteine zu schlingen begannen und ihre weißen Unschuldsbecher dem Tau des Himmels darboten, sprach man nicht mehr davon und vertrug sich besser, weil das gegenseitig volle Kerbholz gut ist für das Gleichgewicht untereinander. Und der Schiffer trank Milch mit Rum, erledigte seine Fahrten, und wenn auch nicht zu den Kirschen, zur Apfelernte kam er gerade noch zurecht.

WILHELMINE SIEFKES

De Levenstiet
(En oll Märchen)

As unse leeve Heer de moje Eerde un alls, wat drup is, klar harr, do bleev hum blot noch eens over: wolange de Levenstiet van alls, wat Aam halen dee, düren sull, dat muß he noch fastsetten.

Do kwam alls, wat Steert un Ohren harr, an. De Esel frog: «Wolange wullt du mi leven laten, Heer?»

«Mi dücht, dartig Jahr», see de leeve Gott, «büst dar tofree mit?»

«O Heer! Dartig Jahr?», reep de Esel. «Dat is doch wall neet dien Eernst? So lang sall ik mi van mörgens bit in de Nacht rin ofplacken, sall mi scheef slepen an dat, wat dat Minschenvolk mi upleggt? Sall hör Koorn na de Möhlen hendragen, um dat se dar Brot van eten, dat ik verdeent harr, un dar sall ik mi för schüppen un stöten laten? Dat wullt du mi doch wall neet andoon?»

«No», see de Heer, «dann will ik di achteihn Jahr dar oflaten.»

Well was blieder as de Esel!

Nett harr he de Dreih, da kwam de Hund.

«Wovööl Jahren hest du mi todocht, Heer?»

«Dartig. De Esel meent ja, för hum is dat tovööl, man du sallst hör ja wall slieten.»

«O nee, Heer», jöselde de Hund, «dartig Jahr? Und dat för een as mi, de sük Dag för Dag de Tunge to de Hals ut rönnen mutt? Un wenn ik neet mehr blaffen un bieten kann und blot noch achter de Obend rumschulen un gnuren, wat sall ik dann noch up de Welt?»

«Hest recht», see de leeve Gott, «ik geef di twalf Jahr minner.»

Do kwam de Ape anhüppen.

«No, Api», se de Heer, «du kannst doch wall dartig Jahr bruken. Du brengst dien Dagen mit Leeglopen hen, rackerst di neet of un hest nix as Pleseer.»

«Och, Heer», see de Ape, «dat meenst du, man well hett dat wall so stuur as ik! De Minschen drieven hör Spijök mit mi, un ik mutt dagin, dagut lüstig wesen un Fratzen maken, un elk un een lacht over mi. Un menn ik ins en Appel krieg, is he wisse suur. Sien Leven lang lüstig wesen mutten, dat is doodstrürig. Dartig Jahr holl ik dat neet vull.»

Do kunn dat de leeve Gott duren, un he see: «Dann will ik di teihn Jahr minner doon.»

As nu all hör Deel tometen kregen harren, do kwam de Minsch, so jung un frisch und sund, as Gott hum maakt harr.

«Wo lange meenst du, Heer, dat ik leven sall?»

«Dartig Jahr», see de Heer, «dünkt di dat recht?»

«Dartig Jahr?» reep de Minsch, «o Heer, dat is ja dat Anfangen neet weert! Wenn ik glückelk mien egen Huus un Herd hebb, wenn de Bomen, de ik plant hebb, bleihen un Frücht ansetten, wenn ik na all mien Meihte un Sörgen geneeten will, dann sall 't ut wesen? Nee, Heer, ik mag di beden, legg mi wat to to mien Levenstiet!»

«Goot», see de leeve Gott, «dann sallst du de achtein Jahr darbi hebben, de de Esel neet hebben wull.»

«Geev mi mehr!» reep de Minsch.

«Goot, dann nehm de twalm dar noch bi, de de Hund tovööl wassen!»

«Mehr!» reep de Minsch.

«Du sallst dien Wille hebben», see de Heer. «De teihn Jahr, de ik de Ape oflaten hebb, sölen di togoot komen. Man dar is 't genoog mit.»

De Minsch harr geern noch mehr nomen, man he düürs 't neet seggen. Un so is he to sien Levenstiet komen.

De ersten dartig Jahr, dat sünd de, de hum as Minsch todocht wassen; de leevt he sund un frisch un röögt sien Hannen mit Lüst, und sien Dagen sünd vull Hope un Toversicht.

Man dann komen de Jahren, de he de Esel

ofnomen hett: dar hett de an to dragen, de sünd vullpackt mit Last un Sörgen; dann kummt he darachter, dat he sük för de annern utsloovt un nüms hum dat Dank weet.

Un dann komen de Jahren, de för de Hund berekent wassen: nu word dat minner mit hum, he kruppt un liggt un gnurrt wat rum, hett kien Kracht mehr to warken und kien Tannen mehr to bieten un will neet mehr achter de Obend weg.

Un dann komen noch de Jahren van de Ape: he word swack in de Kopp, sien Gedoo is kinnerhachtig, wat he proot, dar word over lacht, un nüms nimmt hum mehr eernst.

Wat goot, dat de leeve Gott en Insehn hatt hett!

Die Lebenszeit
(Ein altes Märchen)

Als unser lieber Herr die schöne Erde und alles, was darauf ist, geschaffen hatte, da blieb ihm nur noch eines: Wie lange sollte die Lebenszeit von allem, was Atem hatte, dauern? Das mußte er noch festsetzen.

Da kam alles, was Schwanz und Ohren hatte,

zu ihm. Der Esel fragte: «Wie lange willst du mich leben lassen, Herr?»

«Mich dünkt, dreißig Jahre», sagte der liebe Gott, «bist du damit zufrieden?»

«O Herr, dreißig Jahre», rief der Esel, «das kann nicht dein Ernst sein! So lange soll ich mich von morgens bis in die Nacht hinein abplacken, soll mich schief schleppen an dem, was das Menschenvolk mir aufbürdet? Soll ihnen das Korn zur Mühle tragen, auf daß sie Brot davon essen, das ich verdient hätte. Dafür soll ich mich treten und stoßen lassen? Das willst du mir doch wohl nicht antun?»

«Nein», sagte der Herr, «ich will dir achtzehn Jahre davon erlassen.»

Wer war glücklicher als der Esel!

Kaum war er um die Ecke, da kam der Hund.

«Wieviel Jahre hast du mir zugedacht, Herr?»

«Dreißig! Der Esel meint, für ihn sei das zuviel, aber du wirst sie doch herumbringen.»

«O nein, Herr», jammerte der Hund, «dreißig Jahre! Und das für einen wie mich, der sich Tag für Tag die Zunge aus dem Halse rennen muß? Und wenn ich nicht mehr bellen und beißen kann und mich nur noch hinter dem Ofen herumdrükke und knurre, was soll ich dann noch auf der Welt?»

«Hast recht», sagte der liebe Gott, «ich geb dir zwölf Jahre weniger.»

Da kam der Affe angehüpft.

«Na, Affe», sagte der Herr, «du kannst doch wohl dreißig Jahre gebrauchen? Du verbringst deine Tage mit Müßiggang, rackerst dich nicht ab und hast nichts als Freude im Leben.»

«O Herr», sagte der Affe, «das meinst du! Aber wer hat es wohl so schwer wie ich? Die Menschen treiben ihren Spaß mit mir, und ich muß tagein, tagaus lustig sein und Fratzen schneiden, und jeder lacht über mich. Und bekomm ich mal einen Apfel geschenkt, dann ist er gewiß sauer. Das ganze Leben lang lustig sein müssen, ist todtraurig. Dreißig Jahre halt ich das nicht aus.»

Da dauerte er den lieben Gott, und der sagte: «Dann will ich dir zehn Jahre weniger geben.»

Als nun alle Tiere ihren Teil zugemessen bekommen hatten, da kam der Mensch, so jung und frisch und gesund, wie Gott ihn gemacht hatte.

«Wie lange meinst du, Herr, daß ich leben soll?»

«Dreißig Jahre», sagte der Herr, «dünkt dich das recht?»

«Dreißig Jahre!» rief der Mensch, «o Herr, das ist den Anfang nicht wert! Wenn ich glücklich mein eigen Haus und Herd habe, wenn die Bäume, die ich gepflanzt habe, blühen und Früchte ansetzen, wenn ich nach all meiner Sorge und Mühe genießen will, dann soll es aus sein? Nein,

Herr, ich bitte dich, leg mir zu meiner Lebenszeit etwas zu!»

«Gut», sagte der Herr, «dann sollst du die achtzehn Jahre dazu haben, die der Esel nicht haben wollte.»

«Gib mir mehr!» rief der Mensch.

«Gut, dann nimm die zwölf noch dazu, die dem Hund zuviel waren.»

«Mehr!» rief der Mensch.

«Du sollst deinen Willen haben», sagte der Herr. «Die zehn Jahre, die ich dem Affen abgelassen habe, sollen dir auch noch zugute kommen. Aber damit ist's genug.»

Der Mensch hätte gern noch mehr genommen, aber er traute sich nicht zu fragen. Und so ist er zu seiner Lebenszeit gekommen.

Die ersten dreißig Jahre, das sind die, welche ihm als Mensch zugedacht waren; er lebt sie gesund und frisch, rührt seine Hände mit Lust, und seine Tage sind voll Hoffnung und Zuversicht.

Aber dann kommen die Jahre, die er dem Esel abgenommen hat: Er hat daran zu tragen, sie sind vollgepackt mit Last und Sorgen; er kommt dahinter, daß er sich für die anderen abrackert und niemand ihm Dank weiß.

Und dann kommen die Jahre, die für den Hund berechnet waren: Es wird weniger mit ihm, er kriecht und liegt und knurrt herum, hat zum Werken keine Kraft mehr, keine Zähne mehr zum Beißen und will nicht mehr hinter dem Ofen hervor.

Und dann kommen noch die Jahre des Affen: Er wird schwach im Kopf, sein Tun ist kindisch, was er sagt, wird belächelt, und niemand nimmt ihn mehr ernst.

Wie gut, daß der liebe Gott ihm nicht noch mehr Jahre gewährt hat!

KARL ALFRED WOLKEN

Die grünen Jungen vom Lunapark

Einmal im Jahr kommt auch in unsere reizlose Gegend einige Kilometer ab von der See mit ihren rauhen Winden eine Art Lunapark, bunte Wagen, durch frische Farben und rostige Nägel zusammengehalten, die auf den Flußwiesen auffahren und sich in Buden mit Krimskram und Holzhütten auf Rädern verwandeln. Zwischen Grumbüll und Grumbüll-Nord werden die Sattelschlepper auf Biermanns große Weide gefahren und mit Persennigen abgedeckt. Während Regen – die Sonne hat fast immer den Kampf schon aufgegeben – den Boden aufzuweichen beginnt, werden Zelte aufgeschlagen. Schon sonst leistet die fettweiche Erde wenig Widerstand, sie steht quasi jedem Eindringling offen, jedes Samenkorn geht hier auf – aber wenn es regnet, geht alles noch leichter. Im Krieg fiel, erzählt man, ein Nachtjäger aus großer Höhe in dies Gelände; außer einem Trichter, der selbst in der Fantasie keine Ausmaße annehmen wollte, fand man keine Spur von ihm und seiner Maschine. Einleuchtend, daß es leicht ist, Zeltmasten in diese Erde zu bringen.

Man arbeitet eine halbe Nacht durch, und morgens stehen die Zelte da. Pamela, die dickste Frau der Welt, wird in den Pausen, die der Regen einräumt, durch Grumbüll, Tossens und Grumbüll-Nord geführt, ihr voran ein dicklippiges Kamel, ihr nach ein melancholischer Elefant, ein blasser Trompetenbläser und ein verkrampfter Clown. So wirbt sie mit der traurigen Überfülle ihres Fleisches leichter um Aufmerksamkeit als vor Jahren die Werber der Fremdenlegion mit klotzigem Handgeld. Es ist Herbst, ab und zu hebt der Wind die Rüschen ihres durchbrochenen Rockes, sie ihre schweren Lider. So mühelos tut sie ihre Pflicht, denn sie wird, auf zwei Stühlen sitzend, gefahren. Das genügt, ihre Masse zieht.

Mich läßt das nicht kalt. Einmal im Jahr muß ich das gesehen haben. Es ist – kein Arzt heilt mich! – eine Krankheit. Aber das Fieber legt sich, sobald ich mich nähere, und gehe ich erst zwischen den Buden umher, ist mir auf fatale Art wohl. Ich bin ja durch das, was ich sehe, so von meinem Inneren abgelenkt, daß ich weder Fieber noch Frost bemerken kann. Allerdings befällt mich immer nach dem Besuch ein Unwohlsein; erst wenn das überstanden ist, bin ich wieder in Ordnung.

Übrigens ist diese Krankheit in unserer Familie nichts besonderes. Ein Onkel von mir ging so weit, dort jahrelang gewisse Dienste zu versehen, zu denen sich niemand drängt, obwohl jeder weiß, daß Trinker an gewissen Orten einer Aufsicht bedürfen; sie lassen sich sonst zu zügellos verströmen. Das verhinderte er. Er sagt, er verdiente dort bis zu fünfzig Mark am Abend; und da er drei Kinder hatte, weiß man, wozu er das Geld brauchte. Vor zwei Jahren hörte das auf. Einer – der bis heute unentdeckt ist – schlug ihm ein schweres Bierglas auf den Kopf. Ein halbes Jahr darauf wurde mein Onkel invalidiert. Aber es passieren andere Dinge, die – fürchte ich – vielleicht noch schlimmer sind.

Das Feuerwerk, von der Gemeinde nach altem Brauch abgebrannt, beleuchtet sie besonders deutlich. Bengalisches Licht, wenn ich das schon höre! Was man zu sehen bekommt, ist bestenfalls magisch. – Aber nicht genug, daß es mich anzieht, schickt man mich auch noch von berufswegen dahin. Ich bin Lehrer, der jüngste im Lehrkörper, das muß ich abarbeiten.

Wenn ich vor meiner Klasse stehe, weiß ich ziemlich genau, was ich vor mir habe. Ich lasse fühlen, daß ich sie kenne – wenn das auch nicht die volle Wahrheit ist. Und da ich mich selbst bis zu einem nicht ungefährlichen Grad zu erkennen gebe, ist Strenge kaum nötig. Wahrscheinlich bemerkt man, wenn ich Werke der Literatur behandele, wie sehr ich der Bewunderung fähig bin. Eine kluge Antwort versetzt mich in Begeisterung. Sogar die schärferen Köpfe unter den Jungen, die mich lieber geringschätzen würden, da ich außerstande bin, Schwächen, die sie entdeckt zu haben glauben, so vehement zu verurteilen wie sie, lassen sich immer wieder mitreißen, und es gibt Stunden, in denen ein warmes Holzkohlenfeuer ländlicher Geistespflege uns vergessen läßt, daß wir Lehrer und Schüler sind.

Auch vor einigen Tagen, als ich dreien von ihnen auf ihrem Streifzug durch den Lunapark folgte – unbemerkt, denn sie waren bereits betrunken – war es so. Da ich bewundern kann, neige ich jedoch auch zum Abscheu. Ich trinke nicht, habe aber nichts gegen das Trinken. Ich habe Platon, glaube ich, richtig gelesen. Aber als ich die drei erblickte, besaß auch nicht einer des Alkibiades anmutige Trinkfestigkeit, richtig verlottert waren sie, es freute sie, Mädchen ins Gesicht Anspielungen vom Stapel zu lassen, unbeholfene Zoten – es fiel mir schwer, ihnen nicht auf der Stelle klarzumachen, wie man mit Anmut und Gelenkigkeit betrunken sein kann. Ich hielt mich zurück, es ärgerte mich aber.

Ihrem Treiben folgend, kam ich durch den ganzen Lunapark, der wie immer aus Juchzern und Gekreisch bestand – wenn man das Bersten, in dem alles seine Lebenslust erschöpfte, so statisch bezeichnen kann. Wie auch immer, alles barst. Dennoch fielen die Jungen auf. Und auch ich, obwohl ich großen Abstand hielt. «Frischmann», mußte ich hören, «paßt up sine Jungens up!» – «Der will sich selbst amüsieren», verleugnete ich den Lehrer und die Sucht in mir, einmal im Jahr zu erleben, wie der zugeknöpfte Schlag hier aus seinem dicken Fell fährt. Mein Widerspruch half nicht, noch schadete er. Wer mich bemerkte, ließ seinen Spruch los, dem ich nicht gut zuvorkommen konnte. Einen zweiten Satz verschwendete keiner. In Grumbüll und Tossens und so weiter Ort für Ort sitzen dicke Bauern, ich bin nicht von da, ich bin aus der Batschka – ein Beutegermane. So bin ich eingestuft. Zu allem Unglück ist Frischmann ein Schrank von einsvierundneunzig und gibt Musik und Sprachen. Keine Arbeit für einen Mann! Ich bemerkte, mit einer Art hoffnungslosen Staunens, wie ich mich um die Jungen sorgte. In zehn Jahren würden sie nachgezogen und die Borniertheit der Älteren glücklich erreicht haben. Jetzt waren sie noch dabei, sich Strohhüte zu verpassen, an die sie Blumen steckten, und Luftballons mit Luftgewehren zu zerknallen. Zwischenhinein röchelten sie, lehnten sich an vor Schwäche und ließen mit verwaschenen Gesichtern Luft in die Lungen, die Arme baumelten.

Sie zogen eine Spur durch den illuminierten Park. Lächerlich, diese Weide so zu nennen, aber hier ist es Brauch. Kein Baum, aber ein Park: Buden, und wenn die weg sind, Milchkannen! Mein Gott, ein Park! Wie das zusammenstimmte – die Jungen aßen Schweinsbratwürste und erregten sich über die Preise weit unter Parkniveau. Eine kleine Mausgraue klatschte ihnen Senf auf die Pappteller, und als sie den Primanerhochmut nicht mehr aushielt, schrie sie: verschwindet! Sie lehnten sich an das Gerüst um den Bratrost und schaukelten, die Würste kamen ins Rollen – bis auf den Boden. Die Jungen waren sofort vom Park verschluckt.

Ich fand sie wieder bei Pamela, die diesmal womöglich noch melancholischer als sonst auf zwei Stühlen saß, und von einem schnippischen jungen Mädchen befragt wurde, wann sie geboren sei, welches Gewicht sie bei der Geburt gehabt, wann sie sich das erstemal so viel dicker und anders als andere Menschen gefühlt und ob sie je einen Liebhaber gehabt habe. Pamela schüttelte den Kopf, und das Mädchen wandte sich zu den Leuten, die Pamela begafften, und sagte: «Wie Sie hören, hatte Pamela *keinen* Liebhaber!»

Die Kommentare der Jungen waren Brot für die Gaffer. Und während das Mädchen errötete, senkte Pamela zugleich mit ihren schweren Lidern ihre fetten Finger mit der marmorierten Haut in eine Tasche, die rechts auf dem Schenkel vom Umfang einer normalen Frauenhüfte lag, und holte Postkarten heraus, auf denen sie in der gleichen statuarisch-traurigen Pose festgehalten war, die sie wie immer so auch vor unseren Augen einzunehmen gezwungen war. Die Jungen wieherten und warfen ihre Abbilder in die Luft, um sich dann mit den Rammböcken ihrer Schulter durch die Leute zu drängen und wie ein antiker Chorus dem hübschen Mädchen einstimmig zu verstehen zu geben, was sie von ihr erwarteten.

Die dicken Bauern erkannten ihr Jugendbildnis in den Jungen wieder und nickten aufgekratzt. Draußen fingen die Jungen an zu gröhlen, einem Losverkäufer schlugen sie unter die Trommel vor seinem Bauch, und während ein Teil der Lose auf den Boden fiel, posaunten sie sich schon gegenseitig ihre Heldenstückchen ins

Ohr und steuerten auf Heiducks Großen Magie-Saloon zu, der außer dem Striptease einiger der schönsten Mädchen der Welt die heimatlichen Original-Ritualtänze aus dem noch immer unerforschten Innern des geheimnisvollen dunklen Erdteils versprach. Und noch etwas, das – wie der Conferencier auf dem Podium hinter der Hand verkündigte – wegen der Kinder nicht verraten werden könne.

Die Jungen wollten wissen, was das für eine unaussprechliche Dummheit sei. «Aber doch keine Dummheit, Jungs», sagte der Mann mit einer Stimme, der leicht anzumerken war, daß er ihr Geschmeidigkeit mit letzter Geduld abgepreßt hatte. Wahrscheinlich war sein Clou schon zu oft verhöhnt worden. «Wenn schon unser gutes Geld», sagten die Jungen bezeichnenderweise für Grumbüll, «dann wolln wir was Richtiges!» Und als sie fortfuhren, Reden gegen das Etablissement zu schwingen, ging denn auch gleich die Veränderung mit dem Mann vor, die vorauszusehen gewesen war. «Los», schrie er, «dreht eure Schafsköpfe her!» Und sobald sie ihm verdutzt ihre Gesichter zugekehrt hatten, veränderten sich auch die bis dahin nicht weiter ungewöhnlichen Augen des Mannes, und mit der bekannt unsichtbaren hypnotischen Zange hatte er sie gleich im Griff: sie standen wie Holzböcke.

Die Negerin aus dem Herzen Afrikas betrat

die kleine Bühne, einen Wollschal über den nackten Schultern. «Vor diesem schönen Kind einer unschuldigeren Welt», sagte der Mann mit dringender Stimme, «werdet ihr jetzt auf eueren Bäuchen kriechen».

Und die Jungen krochen mit seligem Ausdruck über den nassen, weichen Boden. Als er sie endlich aufstehen ließ, hing ein Teil der Pfützen an ihren Kleidern. «Herauf zu mir», kommandierte der Ausrufer – und mit wahrhaft demütigender Eile drängten sie die Stufen zu ihm hinauf.

«Hebt mich auf, ihr Lukasse!»

Sie versuchten es, ihre Gesichter nahmen den schwermütigen Ausdruck des Atlas vor der Dresdener Bank in M. an, aber der eher kleine Mann war zu schwer für sie. Als die Negerin mit sanften Fingerspitzen ihren Rock über die Knie hob, fiel es ihm ein, die Jungen ihre Füße küssen zu lassen. Dann, auf der Suche nach weiteren Demütigungen, gab er ihnen ein, ihre Jacken auszuziehen und ihre haarlosen Brüste der Menge zu zeigen, sich sodann mit zartem Ausdruck die Wangen zu streicheln und in lächerlichen Verrenkungen zu tanzen. Dann entließ er sie für Sekunden aus seinem Griff, doch als sie, erleichtert scheinbar, die Stufen hinunterstoben, rief er sie mit scharfer Stimme zurück, und wie die Hunde kamen sie an. Dem Widerspenstigsten fuhr er mit dem Zeigefinger in die Nase und hob ihn mit schrägem Hals hoch bis auf die Zehenspitzen, um ihn dann mit einem angeekelten Zischlaut die fünf Stufen hinunterzuschleudern, mit dem Gesäß in den rechten Winkel von Bretterwand und Marschboden, wo er allerdings nicht bleiben, sondern sehnsüchtig wie von der Sehne geschnellt die Stufen wieder hinauf dem kleinen Mann entgegenfliegen mußte.

Jetzt trat ich endlich vor und tat, was ich mußte; ich ließ sie mir aushändigen und brachte sie nach Hause, unser Abgang vollzog sich unter dem Murren Grumbüller Bauern, die sich um ein kostenloses Vergnügen gebracht sahen. Von Frischmann. Frischmann erhielt einen Minuspunkt mehr. Das wiegt, wenn man ein soziales Wesen ist.

Aber die Jungen behielten nicht einmal einen Schatten der Erinnerung an ihre Demütigung, obwohl es Leute gab, die sie erinnerten. Seitdem frage ich mich, was eigentlich vorgegangen ist, mit ihnen und mit mir. Den Nachtjäger verschluckte die fette Erde. Aber wo ist das hin, was sie waren, ohne es zu sein? In den Aufsätzen, die ich sie schreiben ließ, figurierte der Lunapark als eine Art Tanzboden der Harmlosigkeit. Die Wörter Freude und Spaß schallten aus allen Heften. Und *schön* war es! – Genug. Ich verstehe sie nicht, ich bin aus der Batschka, nicht von hier. In der Batschka gab es das nicht. Ich erinnere mich an eine Erde so fett und weich wie diese, an keinen Nachtjäger. Die dortigen dicken Bauern waren anders, ich begriff sie, das Land lag unter einer schöneren Sonne. Zwar muß ich mir sagen, es ist in der Batschka nicht anders zugegangen als hier, aber das sehe ich nicht, weil ich es nicht sah. Von hier aus weiterzudenken, ist leicht: die Batschka war mir mein Lunaparkabend. Anders kann es nicht sein. Ich war fünfzehn, als wir weggingen. Das Gedächtnis bewahrt nur Sonne, es muß aber finster gewesen sein in dem Land, wo ich ein grüner Junge war, Pamela verhöhnte und selig die Füße der Negerin küßte.

Ossis lachen über Ossis

Der Richter fragt Heiko Harms: «Aus welchem Grund wollen Sie sich denn scheiden lassen?»

«Weil meine Frau mein Sonntagshemd gebügelt hat», antwortete Heiko.

«Aber das ist doch kein Scheidungsgrund!»

«Ich hatte es doch noch an, Herr Richter.»

Die jungverheiratete Wiebke hat ihren Mann nach einem kurzen Landurlaub wieder zum Hafen gebracht. Diesmal geht sein Törn bis nach Australien. Mit Wohlgefallen sieht der Herr Pastor, daß Wiebke ihrem Hein wehmütig nachwinkt.

«Ich weiß, wie weh es tut, mein Kind», versucht er sie zu trösten.

«Och, Dominee», meint sie da, «man nur die ersten Tage. Dann sind die blauen Flecken wieder weg.»

Hinnerk geht in den Textilladen. «Ich möcht ein Paar Strümpfe.»

«Lange?» fragt die Verkäuferin.

Meint der Hinnerk nach einigem Überlegen: «So für drei bis vier Jahre.»

Der Feriengast klappert alle Gasthöfe und Pensionen des Badeortes ab. Alles besetzt. Völlig erschöpft fragt er im letzten Haus am Platze: «Haben *Sie* vielleicht ein Zimmer?»

«Eins? Wir haben sieben!»

Darauf der Urlauber hocherfreut: «Das ist ja wunderbar!»

«Ja, das mein ich auch», sagt der Wirt stolz. «Und alle belegt!»

In der Gastwirtschaft fragt der Tourist seinen Nachbarn, einen Einheimischen. «Haben Sie noch Geschwister?»

«Drei Brüder», antwortet der, «zwei leben noch. Der dritte arbeitet im Ruhrgebiet.»

«Wieviel soll das Zimmer denn kosten?» fragt der sparsame Feriengast aus Schwaben.

Die junge Wirtin druckst etwas herum. «Wenn Ihnen fünfzehn Mark recht ist . . .»

«Mit Vergnügen!»

Die Wirtin winkt entschieden ab. «Nee, mein Herr, ohne!»

Jung-Ossi besucht am späten Abend seine Braut und findet drei Männer vor deren Tür.

«Was geht hier vor?» fragt er verwundert.

Da packt ihn der eine am Kragen. «Hier geht keiner vor! Erst kommt Ubbo ran, dann Fokko, dann ich – und dann bist du an der Reihe.»

Ein Ossi geht mit seiner Frau auf Hochzeitsreise in die Alpen. In der ersten Nacht flüstert sie: «Hörst du den Föhn, Peter?»

«Aber Geeske», antwortet er, «wer wird sich denn um diese Zeit noch die Haare waschen! Das ist bestimmt nur der Wind.»

Am anderen Morgen steht der Ossi am Ufer des Königssees, schaut zum Watzmann hinauf und lacht und lacht. Dann wendet er sich an die verdutzten Berchtesgadener Seppl um ihn herum und tippt sich an die Stirn. «So 'n kleines Meer und so 'ne hohen Deiche! Ihr müßt ganz schöne Bangbüxen sein.»

Ein Ossi, der sich schon lange über die blöden Ossiwitze ärgert, nimmt sich vor, den nächsten Fremden, der in sein Fotogeschäft kommt, so richtig reinzulegen. Schon geht die Ladentür auf, und ein mit x Kameras behangener Tourist verlangt einen Film.

«Soll es ein Ölfilm oder ein Tonfilm sein?» fragt der Ossi.

«Was ist denn da der Unterschied?»

«Der Ölfilm schmiert ein bißchen und der Tonfilm ist etwas bröckelig.»

«Dann nehm ich den Tonfilm und noch 'n Tesafilm dazu.»

Der Ossi stutzt. Als er sich einigermaßen gefaßt hat, stottert er: «Donnerwetter, Sie haben recht! Das müßte funktionieren!»

Jan und Greetje gehen Hand in Hand durch die Nacht spazieren und schauen zum Mond hinauf.

«Glaubst du, daß da oben auch Menschen wohnen, Jan?» fragt sie versonnen.

«Na klar, da brennt doch Licht!»

Harm Peters kommt atemlos auf die Polizeiwache gerannt.

«Na, Harm?» fragt der bedächtige Landjäger. «Was bist du denn so in Eile?»

«Ich hab meine Frau geschlagen.»

«Und nu liegt sie da und rührt sich nicht mehr», konstatiert der Gendarm.

«Viel schlimmer», japst Harm. «Sperr mich ein! Sie ist hinter mir her.»

Und zum Schluß eine traurige Meldung für ostfriesische Literaturfreunde:

Die Ostfriesische Landesbibliothek mußte geschlossen werden. Es heißt, das Buch sei über Nacht gestohlen worden.

HERMANN CLAUDIUS

Die Flucht nach Ägypten

Ich hatte einen seltenen Onkel, den ich nur drei- oder viermal während meiner Knabenzeit gesehen habe. Das war der reiche Onkel Billerbeck.

Er hatte einen mächtigen runden Kopf und trug eine goldene Brille. Die Uhrkette auf seinem stattlichen Bauche sollte auch aus purem Gold sein.

Dieser Onkel Billerbeck schenkte mir zu meinem Geburtstage – es war um mein elftes Jahr herum – ein großes Buch mit lauter leeren Blättern. «Du malst ja gern, Junge. Aber verschmiere es nicht!» hatte der Onkel dabei gesagt, und ich hatte mich höflich bedankt und einen «Diener» gemacht, wie sich das beim Onkel Billerbeck gehörte.

Auf dem Deckel des Buches war ein wunderschöner Zigeunerkopf abgebildet, den ich tausendmal angesehen habe und in den ich wahrhaftig verliebt war – und meine Mutter auch.

Die leeren Blätter drinnen waren verschiedenartig getönt: einige rötlich, einige gelb, andere bräunlich oder lichtgrün. Ich hatte einen großen Respekt vor dem Buche des Onkel Billerbeck.

Um jene Zeit malte ich alles ab, was mir immer unter die Finger kam. Und als mein Vater einmal Nordenskiölds Nordpolfahrt in Lieferungen abonniert hatte, malte ich monatelang lauter Robben und Seehunde und Seelöwen und Eskimos und schwimmende Eisberge von Schwarzweißskizzen ab, die über diese Hefte verstreut waren und deren Zeichner Kane hieß. Diesen Namen malte ich bei allen meinen Schiffen und Ungeheuern getreulich mit.

Mein Vater fragte mich manchmal, nach welchem Maßstab ich meine Vergrößerungen anlege. Das wußte ich nicht. Ich machte alles nach dem Augenmaß. Was ich abzeichnete, wurde allerdings immer größer als das Original, aber als Ganzes stimmte es wieder. Das sah ich wohl. Ich hatte nie Angst darum, daß es nicht stimmen könnte.

Aber mit den farbgetönten, fast löschblattweichen Blättern des Onkel Billerbeckschen Buches war es etwas anderes. Ich zögerte wochenlang, ehe ich den Bleistift darin ansetzte. Der wunderschöne Zigeunerkopf lag immer in unserer «besten Stube» auf dem runden Mahagonitisch. Meine Mutter stand öfters davor und sah ihn an.

Endlich ging ich daran, denn schließlich konnte Onkel Billerbeck wieder auftauchen und würde schelten.

So wählte ich ein ganz feines Bild, das ich in einem Andachtbuche meiner Mutter gefunden hatte, als Vorlage: Die Flucht nach Ägypten. Vorn ging Vater Joseph und zog den Esel am Strick hinter sich her. Auf dem Esel saß, in einen Mantel gehüllt, Mutter Maria, das Jesuskind fest an sich gedrückt. Im Hintergrund war die Wüste. Auf einem Hügel stand ein Löwe mit mächtiger Mähne und brüllte. Ich überlegte gegen meine sonstige Art lange, mit welcher Figur ich beginnen sollte. Endlich erschien mir der Esel am ungefährlichsten. Mit ihm fing ich an, zeichnete sorgsam Strich um Strich die peinliche

Linienführung des alten sauberen Kupferstiches nach und kriegte zu meiner eigenen Erlösung das Grautier auch ohne Fehler zurecht.

Danach sollte Vater Joseph heran, aber da der Esel wegen der ausgelassenen Mitte – wo Mutter Maria hin sollte – so unfertig aussah, so zeichnete ich zunächst die Jesusmutter. Ich fing bei dem Haupte an. Der Heiligenschein machte meine Hand fast zittern vor Aufregung, daß er ebenso unendlich zart, ja zärtlich werde wie auf der Vorlage. Aber er gelang. Und auch das edle Profil der Mutter Gottes ward gut und richtig. Meine Mutter lobte es sehr.

Am dritten Tage aber machte ich die furchtbare Entdeckung, daß Mutter Maria nicht *auf* den Rücken, sondern *in* dem Bauch des Esels zu reiten käme. Ich hatte den Kopf zu niedrig angefangen. Was nun?

Ich weiß, daß ich darum tagelang in großem Kummer umherging.

«Ausradieren!» riet meine schnelle Mutter. Aber das ging auf dem weichen Papier nicht, auf diesem Papier, das – was ich damals noch nicht wußte – nur zum Aquarellieren geeignet gewesen wäre.

«Ich sage doch immer, daß es nicht ohne einen bestimmten Maßstab abgeht, wenn man schon vergrößert», sagte mein Vater.

Ich sah ein, daß er diesmal im Recht war.

Aber damit erlöste ich Mutter Maria nicht aus dem Bauch des Esels.

Ich war schließlich schier mutlos und sagte, ich wolle überhaupt nichts mehr zeichnen. Wenn es darauf ankäme, machte ich es doch jedesmal verkehrt.

Meine Mutter lächelte und tröstete mich mit dem alten Spruch: Es fällt kein Meister vom Himmel.

Und dann geschah es eines Tages, als ich fast gleichgültig das Buch meiner Angst wieder aufschlug – daß die Mutter Maria mitsamt dem Esel und der ganzen Flucht nach Ägypten daraus verschwunden war.

Soviel ich fragte, ich erhielt überall nur dieselbe Antwort: Die heilige Familie wäre eben weitergezogen, wie es der Engel geheißen.

Ich glaube wohl, daß meine liebe Mutter der Schalk gewesen ist, der mich auf solche Art wieder frei machte. Denn wenn ich in der Folge irgendeine grobe Dummheit gemacht hatte, pflegte sie wohl lächelnd zu sagen: «Schon wieder eine Flucht nach Ägypten?»

Ich weiß nicht, ob der Onkel Billerbeck das Zeichenbuch mit dem Zigeunerknaben darauf je wieder zu sehen bekommen hat. Er war und blieb der Angst-Onkel. Und es war und blieb das Angst-Buch. Und da hörte alle schöne Kunst von selber auf.

THEODOR STORM

Lena Wies

Noch stehen die steinernen Bänke vor dem Hause, noch die gemalten Schwarzbrote, das Zeichen des Betriebes, auf dem einen Fensterladen; und wenn man die Haustür mit den dikken grünen Glasscheiben aufstößt, so schellt die Glocke, und hinten im Backhause läßt «Perle» seine Stimme erschallen; denn – der Hund ist tot; es lebe der Hund! der Hund stirbt nicht! – Aber es ist nicht mehr der «Perle» meiner Jugend.

Wie manchen Herbst- und Winterabend bin ich nach diesem kleinen Hause gegangen. – Gegangen? – Nein, gelaufen, gerannt! – Es gab damals in unserer Stadt noch keine Straßenbeleuchtung, aber desto mehr Gespenster; «es übte vor», es «jankte» draußen im «Austrom», im Schlosse wurde nachts eine kleine braune Frau gesehen. Und das alles wurde mit jedem Abend bei mir lebendig, und meine kleine Handlaterne warf zweifelhafte Lichter auf die unbewohnte Plankenstrecke, die in jener Straße zu passieren war. Hatte ich glücklich das Haus erreicht, so stürzte ich fast die Tür ein; die Glocke läutete, im Backhause erhob Perle ein wütendes Gebell.

Atemlos stand ich vor dem kleinen hitzigen Gesellen, der nun freudewinselnd an mir aufstrebte. Kräftig dufteten die frischen Roggenbrote, welche reihenweise auf den Wandgestellen lagen; und nebenan in der offenen Kammer stand die alte Mutter Wies am Backtroge, mit dem Ansäuern des Teiges für den morgigen Tag beschäftigt. Im Backhause selbst drängte sich eine Schar von Nachbarskindern, welche, mit irdenen Schüsseln in der Hand, auf die Austeilung der Abendmilch warteten; denn auch eine Milchwirtschaft wurde hier mit vier oder fünf schweren Marschkühen betrieben.

«Lena noch nicht fardig?» fragte ich auf plattdeutsch; und die alte Frau hielt im Kneten inne, und ihre noch immer schönen Augen blickten mit großmütterlicher Zärtlichkeit auf mich.

Nein, Lena und Vater Wies waren noch im Stall beim Melken.

Schnell war meine Handleuchte ausgeblasen und auf den Tisch gestellt; dann ging's über den dunklen Steinhof und in den alten niedrigen Stall hinein, durch den übrigens im Sommer der Weg zu einem seltsam stillen Garten voll roter Zentifolien und kleiner süßer Stachelbeeren führte. – Wie ein kleiner Privilegierter dünkte ich mich den armen Nachbarskindern gegenüber, die beim Schein des dünnen Talglichts ruhig auf ihrem Platze bleiben mußten, bis sie ihr herkömmliches Quantum Milch zugemessen erhalten hatten.

Unter dem Boden des Stalles hing eine Hornleuchte; aber es war kein Licht, sondern nur eine Art leuchtenden Dunstes, den sie in einem engen Kreise um sich her verbreitete. Und doch, für welch trauliche kleine Welt war sie der Mittelpunkt!

Aus dem Dunkel, wo die Kühe an ihren Raufen wiederkäuten, klang es mir leibhaftig wie der alte Volksreim entgegen:

«Stripp, strapp, stroll –
Is de Ammer nich bald voll?»

Ich rief ihn denn auch lustig in das Dunkel hinein, und: «Geduld überwindet Schweinebraten!» kam sogleich von dort her die heitere Stimme meiner Freundin Lena an mich zurück, und unter einer anderen Kuh heraus scholl als Begleitung im Grundbaß das behagliche Lachen von Vater Johann Wies.

Lena regierte mich mit scherzenden Worten, ja bloß mit ihren klugen Augen sicher genug; und so warf ich mich geduldig neben der Tür auf einen Haufen Heu, während seitwärts auf der Hühnerleiter der Hahn mit seinen Hennen im Traume gackelte und von den Kühen her der Strich des Melkens eintönig hervorklang, nur mitunter durch einen Zuruf unterbrochen, wenn die Bläß oder die Schwarze etwa nicht ordnungsmäßig standhielten.

Endlich, mit schwerem Eimer und heißem Gesicht, trat Lena in den Leuchtkreis der Laterne und bot mir freundlich guten Abend. Sie war von kleiner Statur; ihre Gesichtszüge – sie mochte in meiner Knabenzeit etwas über dreißig Jahre zählen – ließen erkennen, daß sie einst ungewöhnlich wohlgebildet gewesen sein mußten; aber die Blattern hatten das Kindergesicht auf das Unbarmherzigste zerrissen, als wenn, nach dem Volkswitz, der Teufel Erbsen darauf gedroschen hätte. Sie selber meinte freilich, am Ende müsse sie noch eitel werden; denn: «So'n Bildhauerarbeid ward nu nahgrad wat Rares!» – Nur die schönen braunen Augen blickten unversehrt; und sie gehören mit zu den Sternen, die über meiner Kindheit standen, und mitunter in dunklen Stunden glaube ich sie noch jetzt zu sehen, obgleich auch sie erloschen sind. – –

Während nun Lena den Milchverkauf besorgte, hatte «Vader» den Kühen ihr letztes Futter vorgeworfen, «Moder» in ihrem Troge den Teig zusammengeballt und sorgsam zugedeckt; ich selbst war schon vorher in die Wohnstube gewiesen, in jenen engen, aber traulichen Raum, in welchem ich die schönsten Geschichten meines Lebens gehört habe. Fast immer, so wenigstens scheint es mir jetzt, blühten hier auf den Fensterbrettern die roten Winterlevkojen; meine Blicke aber gingen nach dem eisernen Beileger-Ofen, der an der Wand gegenüber zwischen den beiden verhangenen Alkoven-Betten stand und für mich einen Gegenstand der anziehendsten Betrachtung bildete; denn nicht allein, daß sich auf der vordersten Platte, wie nach einem Dürerschen Holzschnitt, die Verkündigung Mariä dargestellt zeigte, daß er an den Seiten und oben an beiden Ecken mit blankpolierten Messingknöpfen geziert war, welche ich, aller Warnung unerachtet, nicht unterlassen konnte, vielfach abzuschrauben und mir fast ebensooft auf die Füße zu werfen; er strömte auch, was nicht jeder Ofen von sich sagen kann, einen leckeren Duft aus, welcher, mit dem der Levkojen vermischt, noch jetzt in meiner Erinnerung diesen Raum erfüllt, und war überdies allezeit von einer sanften Hausmusik umgeben. Das erstere hatte seinen Grund in einer Schüssel, je nachdem mit Waffeln, Pfeffernüssen oder Bratäpfeln gefüllt, die unfehlbar unter dem blanken Messingstülp auf der Ofenplatte warmgehalten wurden; und da von der dem Backhause nahen Küche aus geheizt wurde, so mangelte es von dort her nie am Gesange der Heimchen, der gesellig in das Zimmer hineinklang.

Ich muß hier, obgleich es einen nicht zu beseitigenden Vorwurf für ihn enthält, bekennen, daß mein alter Freund Johann Wies, ich weiß nicht weshalb, ein unerbittlicher Verfolger dieser musikalischen Tierchen war. Oft, wenn er mit seinem ehrwürdigen Gesicht unter der blauen Zipfelmütze, mit den friedlich gefalteten Händen in seinem Lehnstuhl saß, habe ich ihn darauf ansehen müssen, wie doch der gute alte Mann so grausamer Dinge fähig sein könne.

Aber jetzt dachte Johann Wies an keine Heimchenjagd; unter dem Schutze der Dunkelheit sangen sie sicher in ihrem warmen Backhause; und während ich ihnen und der alten Wanduhr zuhörte, die bescheiden dazu den Takt schlug, war auch schon Lena hereingetreten, von der Arbeit gesäubert, in frischer weißer Mütze mit schmalgefälteltem Strich, und setzte Teegeschirr und Abendbrot auf den mit Wachstuch überzogenen Tisch, der dicht unter Mariä Verkündigung und den blanken Messingknöpfen seine Stelle hatte; bald kamen auch die beiden Alten und nahmen je zu einer Seite des Ofens ihren Platz. Mutter Wies, die vom Lande war, trug ihr graues Haar unter ein Käppchen zurückgestrichen, wie man es früher bei unseren Bäuerinnen sah; ihre fleißigen Hände waren, wovon an unserer Küste das Alter selten verschont bleibt, mit Gichtknoten besetzt und zitterten, wenn sie die Tasse an den Mund führte;

gleichwohl, sobald wir unsere Mahlzeit beendigt hatten, holte sie ihr Spinnrad aus der Ecke, und dem Tagewerk folgte nun noch das Werk des Abends. – Dann wurde der duftende Teller aus seinem Versteck unter dem Messingstülp hervorgezogen, und Johann Wies lehnte sich behaglich in seinen Lehnstuhl zurück. Auch ich saß oder vielmehr ritt auf einem solchen; denn es war eine von jenen nun verschwundenen Raritäten, die dem Sitzenden die eine Ecke entgegenstrecken; und zwar war er, mir unvergeßlich, mit einem bunten Flickenpolster ausgestattet.

Und dann – ja, dann erzählte Lena Wies; und wie erzählte sie! – Plattdeutsch, in gedämpftem Ton, mit einer andachtsvollen Feierlichkeit; und mochte es nun die Sage von dem gespenstischen Schimmelreiter sein, der bei Sturmfluten nachts auf den Deichen gesehen wird und, wenn ein Unglück bevorsteht, mit seiner Mähre sich in den Bruch hinabstürzt, oder mochte es ein eignes Erlebnis oder eine aus dem Wochenblatt oder sonstwie aufgelesene Geschichte sein, alles erhielt in ihrem Munde sein eigentümliches Gepräge und stieg, wie aus geheimnisvoller Tiefe, leibhaftig vor den Hörern auf. Oftmals griff die alte Mutter in ihr Rad und ließ es stillestehen, oder nickte aus seiner Ecke Johann Wies behaglich blinzelnd herüber; und dazu tickte die Uhr und sangen aus der Ofenwand die Heimchen;

mitunter an Herbstabenden – und dann war es am allerschönsten – rauschten auch noch von fern die Lindenbäume, die drüben jenseits der Gasse hinter einer Gartenplanke standen; – wie weit dahinter lag dann die ganze Alltagswelt! In den Pausen wurden zwar auch die Pfeffernüsse und die Bratäpfel keineswegs verschmäht; aber lange hielt ich doch nicht Ruhe, und Lena war ebenso unerschöpflich, als ich unersättlich war; sie legte wieder die Hände ineinander, und den Kopf ein wenig übergebeugt, begann sie eine neue Geschichte, wobei sie langsam die Daumen umeinander bewegte. – Später, als ich selbst dergleichen Dinge ersann und niederschrieb, sandte ich ihr wohl das eine oder andere Buch; und sie hat dann lächelnd geäußert, das hätte ich von ihr gelernt.

Aber nicht nur die Kunst des Erzählens, auch die Achtung vor ernster bürgerlicher Sitte lernte ich in diesem guten Hause. – Ein kleiner Vorfall ist mir unvergeßlich geblieben. Die Tochter aus einer angesehenen Familie hatte sich mit einem Kavalier verlobt, dessen Aufführung man nicht das beste Zeugnis geben wollte; die kleine Stadt war voll davon, in und außer den Häusern wurde in Ernst und Spott darüber geredet, und auch an unserem Teetisch kam das Gespräch darauf. Da, in knabenhafter Unbedachtsamkeit, und da es mich drängte, doch auch mein Teil dazuzugeben, entfuhr mir ein wenig sauberes Wort, das ich, Gott weiß wie, von der Gasse aufgelesen hatte. – Augenblicklich stockte die bisher lebhafte Unterhaltung, Lena sah auf den Tisch und fegte ein paar Pfeffernußkrumen mit der Hand zusammen, und erst nach einer längeren Pause blickte sie wieder auf und sprach, als sei nichts vorgefallen, von anderen Dingen. Ich glaube kaum, daß ich jemals so beschämt gewesen bin, und noch später als erwachsenen Mann überkam mich, wenn ich daran dachte, das unbequeme Gefühl einer empfangenen und wohlverdienten Züchtigung.

Dergleichen Zurechtweisungen beeinträchtigten indessen weder meine Zuneigung noch das sichere Gefühl, der Liebling des Hauses zu sein; war doch die zweite sehr geliebte Tochter, welche derzeit in einer fernen Großstadt in guten Verhältnissen verheiratet war, die treue und langjährige Pflegerin meiner Kinderzeit gewesen. Viel zu früh erschien jedesmal der Kutscher meiner Eltern, um mich nach Hause zu holen, oder schlug es, als ich später meinen Weg allein finden mußte, von der alten Wanduhr zehn. Ich weiß noch wohl, wie ich in der letzten Viertelstunde mit Lena kämpfte, ob nicht noch Zeit sei für wenigstens eine ganz kleine Geschichte, und wie es dann plötzlich in der Uhr einen Ruck tat und die Warnung vor dem Stundenschlage alle meine Hoffnung zunichte machte. Dann aber galt es nach Hause zu kommen; und das «Vorüben» und das «Janken» drüben in der Au, alles konnte mir unterwegs begegnen; dazu waren die Lichter in den Häusern schon ausgetan, denn die Straße wurde meist von sogenannten kleinen Leuten bewohnt, welche, wenn der Tagelohn verdient war, früh zur Ruhe gingen. So legte ich mich denn aufs Betteln und ließ nicht nach, bis Lena die Kommodenschublade aufgezogen und ihr Umschlagetuch herausgenommen hatte. – Wenigstens bis an das Ende der bösen Plankenstrecke mußte sie mich begleiten; aber auch dann noch ließ ich sie nicht los; zum mindesten mußte sie stehenbleiben und hinter mir her, und zwar recht laut, ein paarmal «gute Nacht» rufen, bis ich spornstreichs, mein flimmerndes Laternchen in der Hand, um die nächste Straßenecke schwenkte; denn von hier aus waren es nur noch wenige Schritte bis zum Hause meiner Eltern. – Alles dies hat viele Jahr so gedauert; und frisch und erquickend ist mir die Erinnerung an jene Menschen geblieben, denen ich so viele glückliche Stunden meiner Jugend verdanke. Allmählich aber ging die Zeit dahin; ich verließ unsere Stadt, um die Studien für meinen künftigen Beruf zu beginnen; sie blieben in ihrem Häuschen und trieben es in alter Weise fort.

Dann eines Tages kam der Tod, nahm Vater

Wies aus seinem Lehnstuhl und legte ihn in ein noch bequemeres Ruhebett; und als ich nach Jahren heimgekehrt war und schon mein eigenes Haus gegründet hatte, ergriff er auch die arbeitsame Hand der alten Mutter, zog sie von ihrem Backtroge und ihrem Spinnrade fort und hieß uns sie auf dem schönen grünen Kirchhof zur Ruhe legen, wo von der See her die kühlen Lüfte über die Gräber wehen. –

Lena war nun allein; aber sie nahm eine junge Verwandte ins Haus und setzte mit deren Hilfe den elterlichen Betrieb fort. Oftmals in der schönsten Sommerzeit, wenn hinten in ihrem Gärtchen die Zentifolien blühten, kamen aus der großen Stadt die Schwester oder deren Kinder auf Besuch; dann wurde es lebendig in dem niedrigen Häuschen; Kammern und Herzen, alles voll Sonnenschein. – Aber auch diese jüngere Schwester sollte sie überleben. Als ich auf die Todesnachricht zu ihr ging, fand ich sie eben beschäftigt, aus Schubfächern und Kästchen ihre Barschaft zusammenzusuchen; es sollte heute noch alles an ihren Schwager abgesandt werden, damit – so sagte sie – die Überlebenden außer der Trauer nicht etwa noch mit der kleinen Not des Lebens zu kämpfen hätten.

Dann kam die Zeit, daß die Dänenherrschaft mich aus dem Lande trieb, und ich sah meine Freundin nur, wenn ich, in oft mehrjährigen

Zwischenräumen, zum Besuch bei meinen Eltern einkehrte. Voll gesunden Zornes hoffte sie fest auf den endlichen Sieg der deutschen Sache. Dies und die Kränkungen, die sie dort von dem Übermut der feindlichen Nation erdulden mußte, gaben uns jetzt den Stoff zur Unterhaltung. Als endlich bei uns die deutsche Schmach ihr Ende erreicht und ich in meiner Vaterstadt wieder einen Platz gefunden hatte, traf ich Lena Wies noch rüstig an Körper und Geist, und mit der vollen Freude der Genugtuung trat sie bei unserem Wiedersehen mir entgegen. Sie hatte es gut in ihren alten Tagen; ihre Pflegetochter hatte geheiratet, und die jungen Leute, die nun die Wirtschaft übernahmen, hegten und verehrten sie wie eine Mutter. Und wieder saß ich jetzt behaglich an ihrem Teetisch, die roten Levkojen dufteten von den Fensterbrettern noch wie sonst, sogar der leckere Kuchenteller fehlte nicht unter dem blankpolierten Messingstülp; nur daß statt des alten Ehepaares jetzt ein junges da war und statt des aufhorchenden Knaben ein schon dem Alter entgegengehender Mann. Aber die Sitte, die geistige Luft des Hauses war dieselbe geblieben, und Lenas braune Augen blickten noch so klar und klug wie immer.

Sie hatte noch die Freude, aus den beiden Töchtern ihrer Schwester zwei wohlangesehene Predigerfrauen und aus ihrem einzigen Neffen einen der angeseheneren Ärzte jener großen Stadt werden zu sehen. Wiederholt und dringend wurde sie zu diesen eingeladen; aber sie meinte, sie passe nicht dahin, die Kinder könnten zu ihr kommen. Und so geschah es auch.

Der Ausgang des Lebens sollte ihr nicht leicht werden. Eine jener Krankheiten ergriff sie, die sich an den Menschen anhaften wie ein fressendes Tier, das er nicht abschütteln noch ausreißen kann, sondern jahrelang mit sich umhertragen muß, bis er ihm endlich erlegen ist. In ihrem letzten Lebensjahre war ich als einer der dazu erforderlichen Zeugen bei der Niederschrift des Testaments zugegen. Sie hatte sich zu dieser feierlichen Handlung aufs sorgfältigste kleiden lassen und empfing uns ernst und ruhig; ihr Antlitz schaute noch unverstellt aus der weißen Haube mit dem lila Seidenband; nur ihre Gestalt war jetzt zusammengesunken. Vorher nahm sie mich in eine Nebenkammer und sprach über ihren bevorstehenden Tod und die jetzt vorzunehmenden Verfügungen; nicht ihrer Leiden, sondern nur mit Dank der Liebe gedenkend, die sie während derselben von den Ihrigen empfangen hatte; nur eine Besorgnis äußerte sie dabei: sie fürchtete, ihr sonst noch kräftiger Körper möge sie noch lange auf das Ende warten lassen.

Und lange hat es gedauert. Ihr wurde keine Qual, kein Entsetzen jener furchtbaren Krankheit erspart; aber sie blieb bis zu Ende aus dieselbe, die sie in gesunden Tagen gewesen war, ruhig in sich selbst, fürsorglich für andere. «Lena Wies stirbt wie ein Held!» pflegte ihr Arzt von ihr zu sagen. – Um das Hauswesen der jungen Verwandten nicht gar zu sehr mit ihrem Leid zu stören, begehrte sie in der letzten Zeit wiederholt, in eine kleine nach dem Hofe hinaus liegende Kammer gebracht zu werden. Aber freilich, für «Tante», so lange sie noch da war, durfte nichts zu gut sein; und so blieb sie denn bei ihren Blumen, in der freundlichen Stube, wo die Erinnerung aller guten Stunden ihres Lebens bei ihr war.

Mitunter während ihrer Krankheit empfing sie auch den Besuch des Ortsgeistlichen; aber Lena Wies hatte über Leben und Tod ihre eigenen Gedanken, und es lag nicht in ihrer Art, was sich durch lange Jahre in ihr aufgebaut hatte, auf Zureden eines Dritten in einer Stunde wieder abzutragen. Still und aufmerksam folgte sie den Auseinandersetzungen des Seelsorgers; dann, mit ihrem klugen Lächeln zu ihm aufschauend, legte sie sanft die Hand auf seinen Arm: «Hm, Herr Propst! Se kriegen mi nich!» – Und er, in seinem Sinne, mag dann wohl gedacht haben: «Wehre dich nur! Die Barmherzigkeit Gottes wird dich doch zu finden wissen.» – –

Als ich zum letztenmal in ihre Stube trat, erschrak ich bei ihrem Anblick; denn ihr Gesicht war ganz entstellt. Meine Bewegung entging ihr nicht; aber selbst dem Tode suchte sie mit ihrer guten Laune zu begegnen. «Ja, kiek man mal! Wo seh ick ut!» rief sie, scheinbar mit der alten Munterkeit, mir entgegen. – Als ich mich kaum gesetzt hatte, entstand ein Lärmen draußen vor den Fenstern. «Da hebb't se all wedder de arme Jung to'm Besten!» sagte sie; und krank und sterbend, wie sie war, ging sie aus der Stube und hinaus auf die Gasse. – Es war ein blödsinniger Knabe aus der Nachbarschaft, der sich vergebens gegen ein Rudel übermütiger Jungen zu wehren suchte. Bald aber hörte ich draußen vor der Haustür die gelassene Stimme meiner Freundin und sah durchs Fenster, wie still und beschämt die Ruhestörer auseinander schlichen.

«Se hebben noch immer so väl Respekt vör Tante», sagte, nicht ohne einen gewissen Stolz, die junge Frau, die neben mir am Fenster stand. – –

Das war das letzte Mal, daß ich Lena Wies gesehen habe. Noch einige, schwerste Leidenswochen folgten; dann hat auch sie das trauliche Häuschen mit dem engen Kirchhofsgrab vertauscht, in dem sie jetzt bei ihren Eltern ruht.

– – Mitunter an stillen Sommervormittagen besuche ich die alten Freunde meiner Jugend und lese die Inschrift auf ihrem Grabkreuze. Auch hier singen dann die Grillen; aber es sind nicht die Heimchen des häuslichen Herdes, und Geschichten werden bei ihrem Gesange nicht erzählt.

JENS REHN

Der Zuckerfresser

«Was schreibst'n da?»

Ich sah auf und konnte ihn nicht richtig erkennen, er stand genau in der Sonne. Ich setzte mich auf und drehte mich um.

«Biste von der Zeitung oder isses nurn Brief?»

Der Junge war mager wie ein neugeborenes Kalb. Seine hellblau ausgeschossene Turnhose hatte ein ziemliches Loch auf dem linken Bein. Das Flachshaar klebte naß am Kopf. Er hatte aber keine Gänsehaut. Das Wasser war bestimmt nicht wärmer als fünfzehn Grad.

«Kalt, was?» sagte ich. Was soll man schon sagen. «Willst du dich abrubbeln?»

Er rieb sich trocken und verdreckte mein Frottiertuch mit dem elenden Teerzeug. Die sollten endlich mal verbieten, daß die Dampfer draußen auf See ihr mistiges Öl außenbords pumpten und den ganzen Strand versauten. Und überhaupt: Mit dem Schreiben hatte es nicht so geklappt, wie ich es mir vorgestellt hatte, im Strandkorb gab es entweder Sonne mit Wind, oder ich saß ohne Wind im Schatten, ein bißchen braun wollte ich ja schließlich werden; und wenn ich mich auf den Bauch an den Sandwall meiner Strandburg legte, gab es auch keine Ruhe; entweder blies der Wind die Ecken vom Papier um, oder Sand rieselte darüber hin, oder ich bekam ein steifes Kreuz, oder der Schreibarm tat mir weh.

«Wo kommst du denn her?»

Der Junge machte eine unbestimmte Bewegung. Ich schätzte ihn auf sieben Jahre. Vielleicht auch acht.

«Kannst du denn schon lesen?»

Ich merkte sofort, daß das eine völlig verkehrte Frage gewesen war. Er beantwortete sie überhaupt nicht. Ich konnte mir vorstellen, was er jetzt dachte. Er zog die Nase hoch.

«Wasser, weißte», sagte er und sah einer Möwe nach, die im Aufwind des Kliffs den Strand absegelte.

«Schreibste Geschichten?»

«Auch. Ist aber nichts geworden, heute.»

«Wasn für Geschichten?»

«So alles Mögliche.»

«Für Bücher?»

«Auch, manchmal.»

«Was de selbst erlebt hast?»

«Selten. Meistens denkt man sich was aus.»

Es waren nicht mehr viele Leute am Strand. Fünfzehn Uhr, die Sonne stand schon recht niedrig. Ich zog mich an. Der Junge sah zu. Er blieb immer todernst.

«Wo gehsten jetzt hin? Hause?»

«Nein, Tee trinken, im Witthüs.»

Er zog die Augen etwas zusammen und leckte sich über die Lippen. Nicht wegen des Tees, ich erfuhr erst später, warum.

«Komm mit», sagte ich, «wenn du Lust hast.»

Er drehte sich jedoch um und stakte durch den Sand davon. Auf dem hartgetretenen Weg am Fuße des Kliffs setzte er sich in Trab und verschwand bald hinter den Strandkörben. Ich suchte meine Sachen zusammen und ging. Vor der Haupttreppe saß der Bademeister und Strandwächter in seinem kleinen Rollkarren und las. Wenig zu tun in der Nachsaison. Die Badeflagge zeigte ablaufendes Wasser an, das Baden war aber noch nicht verboten. Ruhiges Wetter, wenn es auch nicht eben sanft wehte. In einigen wenigen Körben saßen noch ein paar ältere Leute oder Liebespaare, hatten sich in Decken gewickelt und lasen ebenfalls oder sahen einfach nur auf die See hinaus. Links am Kliff flitzten die Seeschwalben und verschwanden haarscharf in ihren Nestlöchern. Die eisernen Buhnen wurden noch vom Wasser überspült. Die meisten Möwen hatten sich nach drüben auf die Landseite der Insel ins Watt verzogen und warteten darauf, daß das Wasser noch weiter fiele, dann konnten sie bequem jagen und fressen.

Oben auf dem Kliff wehte es heftiger. Auf den Aussichtsbänken der Kurverwaltung saß niemand, und auch die Straßen des Ortes lagen ausgestorben, kahl und hölzern. In acht Tagen würden die Pensionen schließen, Schluß der Nachsaison. Vor ein paar Jahren war ich schon einmal hier gewesen, allerdings mitten in der Hochsaison. Massenpublikum, aufgedonnert und laut und mit zahllosen Autos. Jetzt, Ende September, war es viel schöner. Mit dem Wetter hatte ich Glück gehabt, bis jetzt wenigstens. Und auch mein Quartier war in Ordnung, abseits vom Ort nach Westerland zu, ruhig und solide, nicht zu teuer, kein Nepp. Ein einzelnes, niedriges Haus mit Strohdach, ich mag gern unter einem Rieddach schlafen. Unten im Hause ein gemütlicher, holzgetäfelter Raum, an der einen Wand zwei Regale mit Flaschen zur Selbstbedienung, sehr angenehm. In dieser Jahreszeit gab es natürlich auch keine Veranstaltungen der Kurverwaltung mehr, Réunions oder Wahlen der Orts- und Strandkönigin, und so weiter. Auf dem

Flugplatz, drüben bei Keitum, war wohl gerade Lehrgangwechsel, schon seit Tagen hatte ich keine Düsenjäger mehr gehört. Vor einer Woche war einer ins Watt gestürzt, der Pilot hatte aber noch rechtzeitig abspringen können. Nun lagen ein paar Millionen Mark im Schlamm. Na ja.

Ich suchte mir einen Platz am Fuß der zweiten Düne, sah in die Brandung tief unter mir und rauchte eine Zigarette. Wenn eine Bö in die Düne einfiel, prickelten feine Sandkornfahnen auf meiner Gesichtshaut. Der Strandhafer duckte sich und zog mit seinen längsten Halmen gezirkelte Kreise in den feuchten Sand. Die Kreise überschnitten sich sauber und exakt wie auf dem Reißbrett konstruiert.

Endlich ging ich zurück und die Hauptstraße landeinwärts, bis ich links abbiegen mußte zum Witthüs. Sicherlich eines der ältesten Häuser hier, weiß gekalkt, niedrig, das Rieddach sah recht verwittert aus. Im Hause gab es kleine Kabäuzchen, hier kredenzten appetitliche Bajaderen alle möglichen Teesorten, den echten «Friesischen» mit Rahm und Kandis, russischen Tee mit kandierten Kirschen und Preiselbeeren, grünen Indientee. Ich mag den russischen am liebsten. Die hübschen Geishas waren Studentinnen und nutzten ihre Semesterferien aus für ihren Geldbeutel. Eine gehobene Atmosphäre, nicht ohne Fröhlichkeit.

Aus dem Schallplattenverzeichnis suchte ich mir eine verschollene Kammermusik von Scarlatti aus, meine blonde Nymphe legte die Platte auf, und ich machte es mir mit meinem Tee gemütlich. Als mir dann etwas einfiel, holte ich mein Heft hervor und fing an zu schreiben.

«Schreibst ja doch!»

Da war der Junge wieder. Ein Auftritt wie beim Zauberkünstler, die Hexerei aus dem schieren Nichts. Er hatte jetzt eine Cordhose an und eine überraschend flotte Strickjacke aus Schafwolle. Er zeigte auf den Kandiszucker.

«Schenkste mir den?»

«Türlich. Nimm nur. Auch Tee?»

Er wollte keinen Tee, nur den Zucker. Er zerbiß ihn krachend in die Musik hinein. Mir lief es bei diesem Geräusch den Rücken hinauf.

«Biste fertig oder machste weiter?»

«Mit was?»

«Schreiben.»

Er hatte sich gesetzt, rechts neben mir hockte er auf der Eckbank, zwinkerte und kontrollierte die anderen Tische. Er konnte aber keinen Zukker mehr entdecken.

«Nein», sagte ich und gab auf, der Musik zuzuhören.

«Keine Lust mehr. Außerdem taugt die Geschichte nichts.»

«Biste allein hier?»

«Ja. Und du?»

«Haste keine Frau?»

«Nein.»

«Machste keine leiden?»

Ich brauchte nicht zu antworten, denn er sagte sofort: «Ich auch nich. Mädchen sind tumbich.»

«Tumbich? Was ist denn das? Dumm?»

«Genau.»

«Na, na . . .!»

«Ich könnt' ganz gern noch'n bißchen Zucker haben!»

Die runde, blonde Geisha kam vorbei, blieb stehen und sah den Jungen an.

«Was!» sagte sie. «Bist *du* wieder hier?»

Der Junge stieß mich an, und wir waren uns einig über die Qualität dieser Frage.

«Lassen Sie ruhig. Wir kennen uns schon lange, und ich habe ihn eingeladen.»

«So?»

Es blieb ihr nichts übrig, als höflich zu bleiben: «Ich wundere mich nur, daß der ganze Junge nicht aus purem Zucker besteht. Dieser Zuckerfresser! Unser bester Kandiskunde. Ein Nassauer ist er, das ist er!»

«Genau!» sagte der Junge ungerührt und sah das Mädchen ernst an. Dann zu mir:

«Soll ich wohl noch was haben?»

«Klar.»

Der erste Satz von Scarlatti war zu Ende, die Nadel lief in der Leerrille, im Lautsprecher kratzte es. Das Mädchen drehte die Platte um und brachte eine zweite Schale mit Kandis. Der Tee war inzwischen kalt geworden, so bestellte ich neuen. Die Sonne ging jetzt unter, die letzten Strahlen über der Düne erreichten den Jungen in der Ecke. Sein ernstes Gesicht sah rot aus wie eine Tomate. Dann zerbiß er wieder den Zucker und brachte den zweiten Satz der Musik zur Strecke.

«Mensch!» sagte ich, «deine Zähne! Das ist doch nicht gut! Lutsche doch wenigstens!»

«Kanns ja mal sehn!» sagte er und fletschte mich an. Ein tadelloses Gebiß, ohne Lücke und gerade, eine Perlenkette. Er mußte doch schon älter sein, das waren keine Milchzähne mehr, auch weiter hinten nicht.

«Schreibste wirklich nich mehr?»

«Nein. Tee trinken und Musik ist schöner.»

«Was machsten nacher?»

«Weiß nich. Vielleicht lesen, zu Hause, oder noch mal am Strand längsgehen. Weiß noch nicht, mal sehn.»

«Haste Lust?»

«Wozu?»

«Was zeigen.»

«Was denn?»

Der letzte Zucker verschwand. Dieses Mal

ging der Beißkrach in einer Fortissimostelle von Scarlatti unter. Das störte den Jungen jedoch nicht.

Die Sonne war nun untergegangen, und es wurde schnell dämmrig. Meine Geisha brachte eine Tischkerze.

«Noch mal Zucker?»

Sie konnte sich die Frage nicht verkneifen.

«Genau», sagte der Junge und wurde noch ernster, wenn das überhaupt möglich gewesen wäre.

«Bitte sehr, wenn er mag», sagte ich.

Das Mädchen brachte eine, wie mir schien, größere Portion.

«Den kute ich.» Er steckte den Kandis in die Hosentasche: «Is für Teetje!»

«Wer is denn Teetje? Dein Freund?»

«Wirste sehn. Kommste mit?»

Ich bezahlte, und wir gingen. Ein anderer Gast hatte die Siebente Bruckner bestellt, und so hatten wir einen weihevollen Abgang und Auszug.

Draußen war es finster geworden, und der Wind hatte noch zugenommen. Das Rauschen der Brandung war bis hierher zu hören. Der Junge lief voran, quer über die Heide auf einem schmalen versteckten Gehsteig zu den Dünen in Richtung Kampen und Kliffende. Die Trümmer der bei Kriegsende gesprengten Artilleriebunker blockten schief und schwarz gegen die dunkelblauen, wehenden Wolken. Manchmal kam ein Stern durch, wurde aber sofort wieder zugedeckt. Der Mond war nicht zu sehen, er ging wohl erst später auf.

Zwischen zwei Dünenzügen hob sich der Weg sacht aufwärts, dann steiler, und schließlich mußten wir um einen mächtigen Betonklotz herumklettern. Unter dem Klotz zwängten wir uns in ein enges Loch. Völlige Dunkelheit.

«Warte mal!»

Die Stimme des Jungen klang dumpf vor mir. Ein Streichholz zischte, dann schwebten zwei Kerzenflammen schräg über mir.

«Komm rauf, hier isses!»

An der Seite war ein Teil des Bunkers unbeschädigt geblieben. Aus der abgebrochenen Zwischendecke hing verrosteter Eisendraht in wirren Mustern. Die Kerzen flackerten in einem Luftzug wer weiß, woher, Schatten jagten um die Höhlenwände.

Der Junge hatte sich eine Ecke mit getrocknetem Seegras ausgepolstert. Er saß da, ließ die Beine baumeln und blickte mir mit großen, lichtglänzenden Augen entgegen.

«Das ist Teetje», sagte er. «Friß!»

Die Möwe sperrte den Schnabel auf und schluckte ein Stück Kandiszucker. Sie ruckte mit dem Hals. Gerechter Strohsack, ein zweiter

Zuckerfresser, und was für einer! Die Möwe sah arg mitgenommen aus, der linke Flügel hing, und der Vogel lahmte; die Federn waren teerverkleistert.

Der Junge nahm die Möwe auf den Schoß und streichelte sie. Das Tier hielt den Schnabel halb geöffnet und fiepte zart. Die schwarzen Knopfaugen mit den hellen Ringen beobachteten mich unbeweglich.

«Tag, Teetje!» sagte ich.

Die Möwe fraß den Zucker, und der Junge streichelte sie.

«Hab' ich vor 'ner Woche gefunden, is ganz zahm, von Anfang an. Machsten leiden?»

«Genau», sagte ich.

Der Junge verzog das Gesicht, und nun sah ich ihn zum erstenmal leise lächeln.

Wir haben uns in den nächsten Tagen noch zweimal getroffen, der Junge, die Möwe und ich. Ich sorgte dafür, daß den beiden der Kandis nicht ausging. Drei Tage bevor ich abfahren mußte, blieb der Junge plötzlich aus. Ich wartete vergebens. Erst am Abend des letzten Tages kletterte ich allein in den Höhlenbunker. Die Seegrasecke war leer.

Ich ging nochmals zurück zum Witthüs, trank meinen Abschiedstee, hörte der Musik zu und dachte ein wenig nach. Dann endlich fragte ich meine blonde Geisha beiläufig, ob sie den Jungen irgendwann in den letzten Tagen gesehen habe.

«Den Zuckerfresser?» sagte sie und horchte in Richtung des Plattenspielers; das «Erwachen heiterer Gefühle auf dem Lande» – «Allegro ma non troppo» mußte gleich zu Ende sein. Es dauerte aber doch noch ein bißchen, da wir beide auf einen Trugschluß hereingefallen waren, und sie sah mich geradeheraus an: «Ja – der! Am Dienstag war er hier und ging sofort wieder. Er sagte ‹Teetje is tot, un ich eß kein Zocker mehr›. Wissen *Sie*, wer Teetje ist?»

JAMES KRÜSS

Der Eisbär und die Königin

Ein Eisbär, der noch gute Zähne hatte
(Er war auch sonst noch sehr gesund und stark),
Legte sich selbst ganz freiwillig als Matte
Vors Bett der Königin von Dänemark.

Die Königin fand daran kein Gefallen,
Denn schließlich lebte dieser Teppich ja.
(Vielleicht war er empfindlich an den Krallen.
Trat man darauf, wer wußte, was geschah?)

Doch wagte sie den Bär nicht zu entfernen,
Teils war es Furcht, teils war es Pietät.
So mußte sie beim Hofturnlehrer lernen,
Wie man im Hechtsprung nachts zu Bette geht.

Sie sprang zwölf Nächte lang ins Bett, die Arme.
Jedoch von Schlaf konnt keine Rede sein;
Denn Bären schnarchen leider zum Erbarmen.
Und wenn sie da war, schlief der Eisbär ein.

Die Königin war bald ein Nervenbündel.
Der König sah es mit Besorgnis an.
Sie litt an Kopfweh, Magenweh und Schwindel.
Da sprach der König als entschlossner Mann:

«Der Eisbär meint es gut, ganz ohne Frage.
Doch was daraus entsteht, ist wenig nett.
Drum, liebste Königin, hör, was ich sage:
Von dieser Nacht an tauschen wir das Bett!»

Die Königin ließ ihren Mann gewähren.
Zum Hechtsprung fehlte ihr auch schon die Kraft.
(Sie fiele schließlich bäuchlings auf den Bären,
Hätt sie den Hechtsprung einmal nicht geschafft.)

So stieg der König, als es Schlafenszeit war,
Im Nachtgewande, proper und adrett,
Und als auch seine Königin so weit war,
Erst auf den Bären und sodann ins Bett.

Doch rief der Bär: «So hab ich nicht gewettet.
Ich lieg hier für die Königin allein!»
Dann rief er noch: «Man schläft, wie man sich bettet!»
Und biß den König in das linke Bein.

Die Königin schrie auf, der König schellte,
Der Hofarzt kam samt Hofveterinär,
Und mit dem Hofhund, der entsetzlich bellte,
Kam der Hofjäger mit dem Hofgewehr.

Man hat das Bein betupft und dann verbunden.
Man gab dem König eine Injektion.
Und nur der Bär lag, wie seit vielen Stunden,
Still vor dem Bett und schlief und schnarchte schon.
Da sprach der König, resigniert und weise,
Zu seiner ganz verstörten Königin:
«Er sagt, dir tut er nichts. Betritt ihn leise
Und leg ins eigne Bett dich wieder hin.»

Die arme Königin bestieg mit Zaudern
Zuerst den Bären und sodann das Bett.
Doch wie sich zeigte, war kein Grund zum Schaudern.
Der Eisbär grunzte nur. Er fand das nett.

Er hat sogar das Schnarchen unterlassen,
So daß die Königin sich nie mehr grault
Und nachts im Schlafe, es ist kaum zu fassen,
Mit einer Hand sogar den Bären krault.

Und möchte jemand der Moral noch lauschen,
Kann er zwei Lehren aus dem Ganzen ziehn:
Man soll, wenn möglich, nie die Betten tauschen.
Und wem ein Bär zuläuft, der kraule ihn.

BEREND DE VRIES

Havarie in der Kirche

Enno Taake Hayen, Pastor zu Nordoog, saß auf dem Kanzelstuhl. Es war während des zweiten Singens. Die Orgel brauste; die Gemeinde sang. Das Lied hatte eine Menge Strophen.

Enno Taake Hayen hing seinen Gedanken nach; sie drehten sich in der Hauptsache um den Schlußteil der Predigt, den er halten mußte, wenn das Lied zu Ende war. Aber sie wurden abgelenkt. Immer wieder mußte der Pastor nach dem Schiffsmodell hinüberblicken, das in der Nähe der Kanzel an einer langen dünnen Eisenstange über dem Haupteingang des Gestühls hing.

Es war kein Prunkschiff mit goldenen Verzierungen und seidenen Flaggen. Es war auch kein Oorlogschiff mit Kanonenrohren, die aus Stückpforten lugten. Nein, das beides war es nicht. Es war vielmehr das Modell eines schlichten schwarzen Handelsschiffes, schnittig und in wundervollen Linien um Rumpf und Masten. Vom Heck bis zur Außenklüverbaumnock gerechnet, gut vier Fuß lang, hatte es, mit Rahen an allen drei Masten, Vollschifftakelung. Unter der Wasserlinie war es mit Kupferblech beschlagen, welches, da das Schiff vor kurzem erst überholt und gereinigt worden war, matt glänzte. Ein Stander hing vom Großtopp. Und auf dieser langen schmalen, spitz zulaufenden weißen Flagge stand «Hoffnung», mit roten Fäden anscheinend von Frauenhand sorgfältig eingestickt. Das Modell mochte wohl schon an die sechzig Jahre in der kleinen Inselkirche hängen. Es war, neben einem hübschen Altarbild niederländischer Herkunft, ihr einziger Schmuck.

Enno Taake Hayen konnte von der Kanzel aus jede einzelne Spiere deutlich sehen und das scheinbare Gewirr der Brassen, Falle und Stags genau verfolgen. Und das tat er.

War es denn möglich? Täuschte er sich nicht? Er beugte sich ein wenig nach vorn, drehte den Kopf zur Seite, kniff das rechte Auge zu und prüfte abermals das stehende und laufende Gut des Schiffes.

Nein, es war nicht der geringste Zweifel: da steckte ein unverzeihlicher Fehler! ... So etwas!

Die Orgel begann eine neue Strophe. Dröhnenden Basses fiel der Pastor mit ein. Es klang, als wollte er seinem Ärger Luft machen. Einige Augenpaare da unten in der Kirche schauten verwundert zur Kanzel hinauf, und die Nachzügler unter den Sängern beeilten sich, mitzukommen. Nur ein Mann ließ sich nicht beirren. Das war der ehemalige Langfahrer und jetzige Fischer Harm Remmen, den sie wegen seiner besonders geraden Haltung Harm Liekup nannten; jetzt freilich hing ihm das Kinn auf dem dritten Knopfloch; er schien zu schlafen, trotz Orgel und Pastorenbaß.

Woher hatte nun Pastor Enno Taake Hayen seine genauen Kenntnisse von der Takelung eines Schiffes? Das ist leicht zu erklären. Er entstammte einer Schiffbauerfamilie in einem der Küstenorte des Festlandes. Aus irgendeinem Grunde war er nicht Schiffbauingenieur, wie er gewollt hatte, sondern Pastor geworden. Aber er konnte es nicht lassen: er bastelte. Es hieß, in einem Raum neben der Waschküche der Pastorei habe er sich eine Werkstatt eingerichtet, eine Schiffswerft im kleinen. Dies hatte der Fischer

Siebo Ulrichs eines Tages entdeckt, als er die Geburt seines zweiten Sohnes anmelden wollte und die Magd ihn in die Werkstatt verwies, wo der Pastor beschäftigt war. Menschenskinder! Da hatte Siebo Ulrichs vor Erstaunen runde Augen gemacht bei dem, was er da in der Werkstatt zu sehen bekam. Da war eine Hobelbank, bedeckt mit Schnitzmessern und schmalen Holzspänen. Ein Schraubstock war da. Fertige und halbfertige Schiffsmodelle standen in zweckmäßig und zierlich geschnitzten Gestellen auf den Wandborten umher. Die ganze Bude roch nach Werg, Farbe und Leim. Mit Grundrissen waren die Wände bedeckt; hier und dort hingen holländische Stiche, Oorlogschiffe und Ostindienfahrer darstellend ... «Leute», hatte Siebo Ulrichs sich dann abschließend zu den andern Fischern geäußert, «Leute, der Mann hat mit mir kein Wort über seine Schiffchenmacherei gesprochen, aber das sage ich euch, er versteht mehr vom Schiffsbau als wir alle miteinander, einschließlich Harm Liekup, der seit Jahren das Schiffsmodell für die Kirche überholt und reinigt.»

Das war nicht wenig, was Ulrichs von dem Pastor Enno Taake Hayen behauptete. Anfangs wollte es auch niemand glauben. Aber mit der Zeit, als der eine und der andere sich gleichfalls aus irgendeinem Anlaß in der Werkstatt umgesehen hatte, pflichteten sie Siebo Ulrichs bei.

Und zuletzt war es nur Harm Liekup, der über den Bastelkram des Pastors spottete. Aber Harm drang damit nicht durch. Es sei der reine Neid, was er da schwatze, bedeuteten sie ihm; und der Pastor, das sei doch wohl ein guter Pastor, nicht wahr? Dagegen könnte doch niemand etwas einwenden? Ja, das sei allerdings wahr, Hayen sei ein guter Pastor. Aber ein Pastor und ein Schiffchenmacher, beides in einem, nein, das wollte Harm Remmen nicht in den Kopf.

So verhielt es sich mit der Liebhaberei des Pastors Hayen.

Gott verzeihe ihm, jetzt saß er auf der Kanzel und war ärgerlich!

Ein paar Sonnenstrahlen fielen durch die bleigefaßten, vor Alter grünlichen Fensterscheiben. Sie umspielten die vergoldeten Mastknäufe des Schiffes mit leisem Schimmer. Aber das konnte Enno Taake Hayen nicht versöhnen. Nur um so deutlicher sah er den Bock, den Harm Remmen Liekup da geschossen hatte. War der Mann betrunken gewesen, als er das Schiff neulich reinigte und gründlich überholte? Segelschiffer der alten Schule, gar kein schlechter Modellbauer, und führt – kann man das begreifen? – das Außenklüverstagtau statt an den Außenklüverbaum an den Klüverbaum, so daß der Außenklüverbaum wie ein nackter spitzer Knochen über das ganze Modell verloren und verlassen hinausragt! Ärgerlich wandte der Pastor den Blick von dem verschimpfierten Fahrzeug weg und besann sich auf seine geistliche Pflicht. Das Lied war aus, die letzten leisen Orgeltöne verebbten. Enno Taake Hayen schloß sein Gesangbuch und legte es auf die Kanzelbrüstung. Dann erhob er sich. Sein Kopf stieß fast an den Schalldeckel. Er war sechs Fuß hoch, hatte eine lange gerade Nase und dunkelblondes Haar, das über den Ohren leicht gekraust war; seine Augen hatten die spröde Härte jener blauen Farbe, die auf Delfter Porzellan eingebrannt ist; aber ein gütiger Zug lag um den feingeschnittenen Mund des Junggesellen.

Das Husten und Räuspern unten in der Kirche legte sich allmählich. Nun war es still. Durch ein offenes Fenster konnte man für einen Augenblick die Brandung draußen auf den Sandbänken vor der Insel rauschen hören; es wurde Flut. Enno Taake Hayen ließ die Augen über die Gemeinde schweifen. Sein Ärger schwand. Gleichmütig streifte sein Blick das Modellschiff und glitt von dort über die Männerabteilung. Doch da stockte er und blieb auf einem Mann haften, der sich soeben zu einem recht gemütlichen Schlummer zurechtsetzte. Dieser Mann saß unter dem Schiffsmodell, unmittelbar am Hauptgang im Gestühl.

Es war Harm Remmen Liekup – jetzt ein zweifacher Sünder!

Solch ein Mensch! Da sollte doch ... Aber der Pastor bezwang sich und begann den Schlußteil seiner Predigt. Er hatte einen Text aus dem Propheten Jesaias gewählt, in dem unter anderm von den Fahrzeugen der Phönizier die Rede ist. Er hatte das keineswegs aus Eigennutz getan, wie um etwa auch auf der Kanzel seiner Liebhaberei für Schiffe zu frönen. Nein. Aber er war ein Pastor, der seine Zuhörer auf eine praktische Art zu fesseln wußte. Er faßte sie bei ihrer täglichen Beschäftigung, und das war die Schiffahrt. Und sicherlich ist es Fischern und Seeleuten überhaupt lieber, etwas über phönizische Schiffe zu hören als von Aarons blühendem Stab. Enno Taake Hayen malte ihnen denn auch die phönizischen Schiffe sehr lebendig hin. Große Freude am Thema beschwingte seine Rede. Ja, es kam soweit, daß er Vergleiche anstellte zwischen den Bootstypen seiner Zuhörer und den Fahrzeugen der Phönizier. Er wurde warm und eifrig. Hatte er seinen Ärger vergessen? Es schien so.

Doch jetzt fiel sein Blick wie von ungefähr auf das verpfuschte Modellschiff, das gerade in einem breitflutenden Lichtbalken schwebte, so, daß die Verschandelung des staglosen Außenklüverbaums grell und deutlich, gewissermaßen wie ein höhnisch erhobener Finger, in die Luft wies. Und da mußte Enno Taake Hayen auch gleichzeitig einen Blick auf den Missetäter Harm Liekup werfen. Das hätte er besser nicht tun sollen, denn Harm Liekup schlief. Als er dieses beides mit einem Blick erfaßte, stockte dem braven Prediger fast die Rede. Sie verschlug ihm aber nicht, im Gegenteil, er wurde eifriger. Und ob nun der zweifache Ärger daran schuld war oder was immer: wovor er sich sonst aus verschiedenen Gründen zu hüten pflegte, das tat er jetzt. Er schlug mit seiner markigen Hand in plötzlich ausbrechendem Eifer auf die Kanzelbrüstung und – traf dabei das Gesangbuch.

Was nun geschah, ereignete sich blitzschnell.

Das Gesangbuch nämlich, das schon seit Jahren jeden Sonntag während der Predigt zum Schrecken gewisser nervöser Kirchenbesucher auf der Brüstung und sozusagen immer auf dem Wipp lag, wurde lebendig. Unter der Wucht des pfarrherrlichen Hiebes machte es sich davon. Es flog im Bogen in die Takelage des Schiffsmodells, streifte den Fockmast, zerriß verschiedene morsch gewordene Spieren, Stags und Wanten und schlug schließlich neben der Bank, in der Harm Remmer Liekup mit dem Drang zum Schnarchen kämpfte, mit klatschendem Krach auf die blauen Fliesen nieder.

Enno Taake Hayen war starr. Die Gemeinde nicht minder. Ein paar junge Mädchen kicherten leise. Die Schwester des Pastors, eine hagere ältere Dame, schneuzte sich vor Verlegenheit. Nur Harm Liekup, dessen Kopf ihm schon während der ganzen Kirchzeit weggesackt war, machte seinem Namen «Gradeauf» mit einem erschreckten Ruck die Ehre: er saß hellwach und bolzengerade.

Enno Taake Hayen räusperte sich. Was nun? Ja, das war die Frage. Es mußte etwas geschehen, irgend etwas mußte er sagen. Aber was denn? Der kalte Schweiß brach ihm aus.

Er fand einige Worte der Entschuldigung für seine Ungeschicklichkeit, und während er sprach, streifte sein Auge das havarierte Schiff. Es schaukelte und drehte sich langsam; zerbrochene Spieren und Stags hingen wirr über die Back ... Da lächelte Enno Taake Hayen, und die Gemeinde lächelte mit; ja, aus der Mädchenecke prustete es einmal geradezu. Aber der Pastor lächelte weiter, wurde nicht ernst, weil die Jungvolksecke den Scherz übertrieb. Doch nun faßte er sich; der Küster erstieg die Kanzeltreppe und reichte ihm das Gesangbuch wieder zu. Mit dankbarem Blick nahm es der Pastor entgegen.

Peter Puckel, der Küster, ahnte nicht, daß er eine Art rettender Engel war, als er auf den vernünftigen Gedanken verfiel, das Buch aufzuheben und dem Pastor wiederzubringen. Auf Zehenspitzen schlich Peter Puckel an seinen Platz.

Enno Taake Hayen aber hatte sich wieder ganz in der Gewalt. Unbeirrt setzte er seine Predigt fort und führte sie freudig zu Ende. Wie klang seine sonore Stimme durch den Kirchenraum so stark und befreit. War es nicht ein Segen, daß das Gesangbuch von der Brüstung geflogen war?

Sieh dich um, Pastor, ob noch einer deiner Zuhörer vor sich hindöst und träumt, geschweige denn schläft? Nein, da ist keiner. Hellwach sind sie, aufgerüttelt und bereit. Nimm das wahr, Pastor. Streu den Samen des Glaubens! Sieh, selbst Harm Remmen Liekup reißt die Augen auf.

Und Enno Taake Hayen nahm die Gelegenheit wahr. Es war eine Art Eingebung über ihn gekommen. Er war als guter Redner bekannt. Es hieß, er wollte sich nur nicht von dieser kleinen Nordseeinselpfarre trennen wegen seiner verschrobenen Modellschiffbauerei, sonst könnte er mit Leichtigkeit die fetteste Marschpfarre bekommen. Aber das war natürlich nichts als Gerede.

Sie sangen das Schlußlied. Der Organist spielte mit Hingabe und schöner als je zuvor. Enno Taake Hayens Baß dröhnte wie die Brandung draußen am Strand bei Sonnenschein und gutem Wetter. Aber zuweilen sang der Pastor nicht mit. Dann träumte er versonnen vor sich hin, und seine Blicke hafteten auf der havarierten «Hoffnung».

Was sah der Pastor dort?

Oh, nichts von Bedeutung. Nur, daß der Stein des Anstoßes, der verwünschte Fehler in der Takelung, gründlich von dem fliegenden Gesangbuch zerstört worden war. Das freute den Pastor. Wer kann es ihm verdenken, daß er auch einmal einen Blick über die Kanzelbrüstung auf Harm Remmen Liekup warf? Der saß gerader als gerade da, den Kopf im Nacken, und suchte den Schaden in der Takelung der «Hoffnung» festzustellen. Aber das gelang ihm nicht. Auch das freute den Pastor. Denn er war ein Mensch. Hand weg, Harm Remmen! dachte er. Diesmal werde ich dafür sorgen, daß das Außenklüverstagtau zum Außenklüverbaum geführt wird, wohin es gehört, und nicht an den Klüverbaum.

Denn dies hatte Pastor Enno Taake Hayen sich inzwischen fest vorgenommen: er wollte die Havarie, die er angerichtet, selbst wieder in Ordnung bringen, aber auch die jährliche Überholung des Schiffes künftig besser überwachen.

Lösung der Rategeschichte von Seite 41:

Das «mißverstandene Lied» war das *Lied der Deutschen.* Es wurde am 26. August 1841 von August Heinrich Hoffmann von Fallersleben auf der Frieseninsel Helgoland gedichtet, die damals zur britischen Krone gehörte und von Königin Viktoria regiert wurde. Der Dichter übernahm für seine Strophen die Melodie der von Joseph Haydn 1797 komponierten Melodie der österreichischen Nationalhymne *Gott erhalte Franz den Kaiser.*

Der vor allem als Entdecker und Herausgeber mittelalterlicher Volksliteratur bedeutende Germanist und emsige Liederdichter Hoffmann kam 1798 als Bürgermeisterssohn in dem braunschweigischen Städtchen Fallersleben zur Welt und starb 1874 als Bibliothekar des Herzogs von Ratibor im Kloster Corvey an der Weser. Seine Bronzebüste steht bei der Landungsbrücke am Südstrand von Helgoland.

Vor der Schlacht bei Langemark (Belgien) im November 1914 einigten sich die Kommandeure der deutschen Truppen, zum Zeichen des Sturmangriffs das allgemein bekannte *Lied der Deutschen* (schon damals meist «Deutschlandlied» genannt) anzustimmen. Mit der National- oder Kaiserhymne *Heil dir, im Siegerkranz* in den

Kampf zu ziehen, kam nicht in Frage: Sie hatte ja die gleiche Melodie wie die Nationalhymne des Feindes, *God save the King*.

1922 erklärte der erste deutsche Reichspräsident, der ehemalige Bremer Redakteur Fritz Ebert, die erste Strophe des *Liedes der Deutschen* zur Nationalhymne. Ab Mai 1945 war «Deutschland, Deutschland, über alles ...» aus naheliegenden Gründen tabu. Nach heftigen Debatten im Deutschen Bundestag wie in der Öffentlichkeit und nach dem gescheiterten Versuch, ein neu gedichtetes und neu komponiertes Lied als Nationalhymne populär zu machen, wurde 1952 die dritte Strophe des umstrittenen Liedes von Hoffmann von Fallersleben zur offiziellen Hymne der Bundesrepublik Deutschland erhoben.

QUELLENNACHWEIS

An dieser Stelle danken wir den Autoren und Verlagen, die uns freundlicherweise den Nachdruck folgender Beiträge gestatteten: Altberliner Verlag Lucie Groszer, Berlin: *Elisabeth Hering · Die Sage vom Schiffe Mannigfuald und von der Friesen Ursprung* (aus: «Sagen und Märchen von der Nordsee»); Verlag Annette Betz, München: *James Krüss · Der Eisbär und die Königin* (aus: «James' Tierleben»); Verlag Die Brigantine, Hamburg: *Hans Leip · Die Deichflicker* (aus: «Am Rande der See. Geschichten von der Wasserkante»); Verlag Langen Müller, München: *Franziska zu Reventlow · Das Jüngste Gericht* (aus: «Das Logierhaus zur schwankenden Weltkugel»); Otto Meissners Verlag, Bleckede: *Berend de Vries · Havarie in der Kirche* (aus: «Der Pfingstbusch der Bark ‹Confidentia›»); Verlag Mettcker und Söhne, Jever: *Wilhelmine Siefkes · De Levenstiet* (aus: «Tant Remda in Tirol – un anner Vertellsels»); dem Autor: *Jens Rehn · Der Zuckerfresser*; Rowohlt Verlag, Hamburg: *Ernst von Salomon · Wie Abessinien zu seinem Namen kam* (aus: «Quo vadimus»); Verlag Eugen Salzer, Heilbronn: *Hermann Claudius · Die Flucht nach Ägypten* (aus: «Karge, reiche Kinderzeit»); Scherz Verlag, Bern: *Werner Felitz · Das mißverstandene Lied* und *Helga Reffelt · Abwarten und Tee trinken*; dem Autor: *Karl Alfred Wolken · Die grünen Jungen vom Lunapark* (aus: «Erzählungen»). Da die Rechtsnachfolge bei einigen nicht im Lande lebenden oder verstorbenen Autoren nicht geklärt ist, war es in einzelnen Fällen nicht möglich, die Nachdruckgenehmigung einzuholen. Honoraransprüche der Erben bleiben gewahrt.

Kleine Bettlektüren sind Blumen,
die es bei jedem Buchhändler gibt.

*

Kleine Bettlektüren sind immer ein individuelles Kompliment – für Freundinnen, Töchter, Verwandte in nah und fern ...

*

Kleine Bettlektüren – für Einheimische
und Zugereiste – gibt es –
für honorige Hamburger
für jecke Kölner
für zünftige Münchner
für kesse Berliner
für charmante Wiener
für gefitzte Basler
für gemütliche Berner
für hellwache Zürcher
für g'standne Bayern
für wackere Schwaben
für weltoffene Hanseaten
für lebensfrohe Rheinländer
für bodenständige Westfalen
über kernige Tiroler
für sturmfeste Niedersachsen
für heimattreue Schlesier
für unverzagte Ostpreußen
für bürgerstolze Hessen
für lustige Hannoveraner
für gscheite Stuttgarter

und außerdem:

für vielgeplagte Mütter
für Frauen mit Charme
für kluge Köpfe